TABLE OF CONTENTS

INTRODUCTION

Welcome to *Pedal Steel Guitar Chords & Scales*—an extensive resource for the pedal steel players including over 1,100 chords and more than 430 scale forms. This book is intended to be a companion to the Hal Leonard *Pedal Steel Guitar Method* (by Johnie Helms) and thus uses the same E9 tuning throughout the book, as well as the same setup of pedals and levers: pedals A, B, and C, and knee levers D, E, and F.

In this book, 36 chord qualities are covered in each key—everything from basic triads to altered dominant chords. There are also 18 different scales for each key, each one shown in two different forms. Both chords and scales are presented in notation and tablature. Most of the standard chord and scale forms are included, but there are others that may be new to you. So dig in and have fun. You now have no more excuses for shying away from those complicated-sounding chord names that you see on your charts!

SCALE & CHORD CONSTRUCTION

THE MAJOR SCALE

The major scale is the backbone of Western music, and it's by far the most important scale to know how to play. It contains seven different notes, with the "eighth" note being the same as the first, only an octave higher. Here's the C major scale, with its *scale degrees* noted below:

C	D	E	F	G	A	B	C
1	2	3	4	5	6	7	8(1)

The major scale has a set *intervallic formula*, an interval being the distance between two notes. On the pedal steel guitar, a *whole step* is the distance of two frets on one string, whereas a *half step* is the distance of one fret on one string. The intervallic formula for any major scale is always the same:

whole step – whole step – half step – whole step – whole step – whole step – half step

We treat the degrees of the major scale as the standard when creating other scales. In other words, a major scale's degrees are always numbered 1–7, with no alterations. By adding *flats* or *sharps* to certain notes, we can create formulas for other scales.

For example, to turn our C major scale into a C minor scale, we add flats to the third, sixth, and seventh degrees. Flats are one half-step lower than the original notes.

C	D	E♭	F	G	A♭	B♭	C
1	2	♭3	4	5	♭6	♭7	8(1)

So, the formula for the minor scale is: 1–2–♭3–4–5–♭6–♭7. This same method (altering the degrees of the major scale) can be used to create any other scale.

BASIC CHORD HARMONY

Triads

A *chord* is simply a collection of notes deliberately arranged in a harmonious fashion. The most common type of chord is called a triad, which has three notes. Triads can be one of four different qualities: *major, minor, augmented*, or *diminished*. Below, we find what's known as a C major triad:

The words "root," "3rd," and "5th" indicate how each note functions within the chord. A *root* note is the foundation of the chord and the note after which the chord is named. ("1" is sometimes used interchangeably with "root.")

Intervals

The other two notes in our C triad (the 3rd and the 5th) are responsible for the *quality* of the chord. The notes C and E are an *interval* (or distance) of a major 3rd apart. Intervals are comprised of two components: a *number* and a *quality*.

The number part is easy. We can determine that the interval between C and E is a 3rd by simply counting through the musical alphabet. Starting from C: C is one (1), D is two (2), and E is three (3). From C to G is a 5th, and we can confirm this by again counting up from C: C(1)–D(2)–E(3)–F(4)–G(5).

Determining the quality of an interval is not quite as easy and will require a bit of memorization, but it's very logical. Below we'll find all 12 notes in the chromatic scale and their intervals, measured from a C root note:

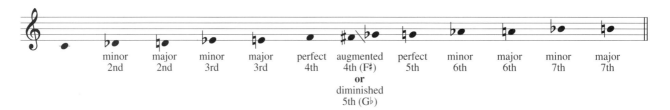

Any triad of one of the four aforementioned qualities will contain a root, 3rd, and 5th. Other types of triads that you may encounter include sus4 chords and sus2 chords. Those chords are the product of replacing the 3rd with another note. Below are several different qualities of triads, which will allow us to examine these intervals at work and note how they affect the names of these chords:

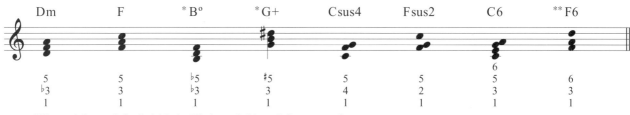

* The symbol ° stands for diminished, while the symbol + stands for augmented.
** Note that the 5th tone may or may not be present in a 6th chord.

Seventh Chords

Beyond the triad, we'll encounter many more chords, most commonly *seventh chords*. These chords will not only contain the root, 3rd, and 5th, but also the 7th. Below are a few common seventh chords. (Note that the 7th interval may be major or minor, independent of the 3rd, thus affecting the name of the chord.)

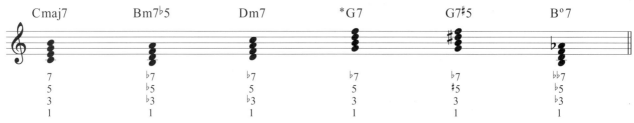

* Note that the G7 chord contains a major 3rd and a minor 7th. This type of chord is referred to as a *dominant seventh*.

Extensions

Finally, beyond seventh chords, we have *extensions*. The concept of extensions is a bit complicated and beyond the scope of this brief tutorial, but it basically continues the process of stacking 3rds (every other note). For example, in a ninth chord, we'll add the 7th and the 9th to our triad. In an eleventh chord, we'll add the 7th, 9th, and 11th to our triad, etc. These extensions tend to sound even jazzier than seventh chords. For further explanation of the theory behind this, check out a book dedicated to the subject, such as *Music Theory*, by Barrett Tagliarino (Hal Leonard Corporation).

LIST OF CHORDS & SCALES

Below is a list of the different chord qualities and scales included in this book.

Chord Type	Abbreviation	Formula
Major	C	1–3–5
Minor	Cm	1–♭3–5
Augmented	C+	1–3–♯5
Diminished	C°	1–♭3–♭5
Suspended 2nd	Csus2	1–2–5
Suspended 4th	Csus4	1–4–5
Added Ninth	Cadd9	1–3–5–9
Sixth	C6	1–3–5–6
Six-Nine	C^6_9	1–3–5–6–9
Minor Added Ninth	Cm(add9)	1–♭3–5–9
Minor Sixth	Cm6	1–♭3–5–6
Minor Six-Nine	Cm^6_9	1–♭3–5–6–9
Major Seventh	Cmaj7	1–3–5–7
Major Ninth	Cmaj9	1–3–5–7–9
Major Thirteenth	Cmaj13	1–3–5–7–9–11–13*
Minor Seventh	Cm7	1–♭3–5–♭7
Minor Seventh Flat Fifth	Cm7♭5	1–♭3–♭5–♭7
Minor-Major Seventh	Cm(maj7)	1–♭3–5–7
Minor Ninth	Cm9	1–♭3–5–♭7–9
Minor-Major Ninth	Cm(maj9)	1–♭3–5–7–9
Minor Eleventh	Cm11	1–♭3–5–♭7–9–11
Seventh	C7	1–3–5–♭7
Seventh Suspended Fourth	C7sus4	1–4–5–♭7
Seventh Flat Fifth	C7♭5	1–3–♭5–♭7
Seventh Sharp Fifth	C7♯5	1–3–♯5–♭7
Ninth	C9	1–3–5–♭7–9
Ninth Flat Fifth	C9♭5	1–3–♭5–♭7–9
Seventh Sharp Ninth	C7♯9	1–3–5–♭7–♯9
Seventh Flat Ninth	C7♭9	1–3–5–♭7–♭9
Seventh Sharp Ninth Sharp Fifth	C7♯9♯5	1–3–♯5–♭7–♯9
Seventh Flat Ninth Sharp Fifth	C7♭9♯5	1–3–♯5–♭7–♭9
Eleventh	C11	1–3–5–♭7–9–11**
Thirteenth	C13	1–3–5–♭7–9–11–13
Fifth	C5	1–5
Flat Fifth	C(♭5)	1–♭5
Diminished Seventh	C°7	1–♭3–♭5–♭♭7

_____

* The 11th is usually omitted from a major 13th chord.

** The 3rd is often omitted from a dominant 11th chord.

Scale Name	Formula
Ionian (Major Scale)	1–2–3–4–5–6–7
Dorian	1–2–♭3–4–5–6–♭7
Phrygian	1–♭2–♭3–4–5–♭6–♭7
Lydian	1–2–3–♯4–5–6–7
Mixolydian	1–2–3–4–5–6–♭7
Aeolian (Minor Scale)	1–2–♭3–4–5–♭6–♭7
Locrian	1–♭2–♭3–4–♭5–♭6–♭7
Major Pentatonic	1–2–3–5–6
Minor Pentatonic	1–♭3–4–5–♭7
Blues	1–♭3–4–♯4–5–♭7
Harmonic Minor	1–2–♭3–4–5–♭6–7
Melodic Minor	1–2–♭3–4–5–6–7
Bebop Dominant	1–2–3–4–5–6–♭7–♮7
Diminished (Whole-Half)	1–2–♭3–4–♭5–♯5–6–7
Diminished (Half-Whole)	1–♭2–♭3–♮3–♯4–5–6–♭7
Whole Tone	1–2–3–♯4–♯5–♭7
Super Locrian (Altered Scale)	1–♭2–♭3–♭4–♭5–♭6–♭7
Lydian Dominant	1–2–3–♯4–5–6–♭7

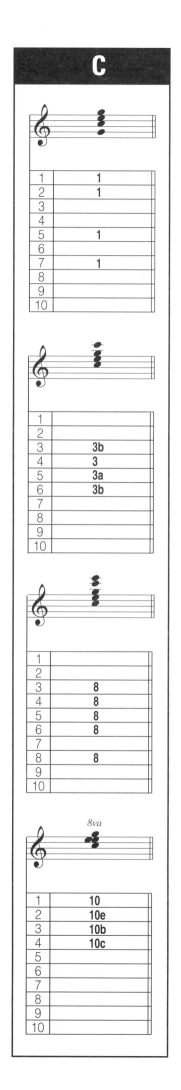

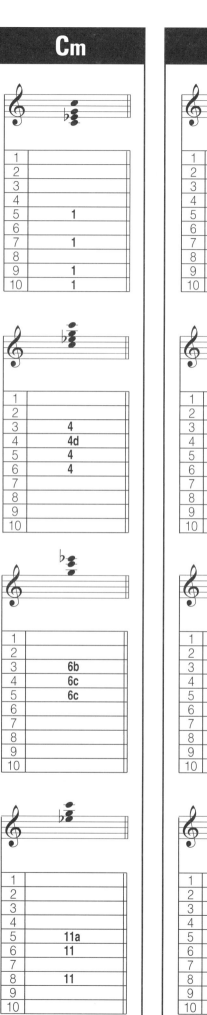

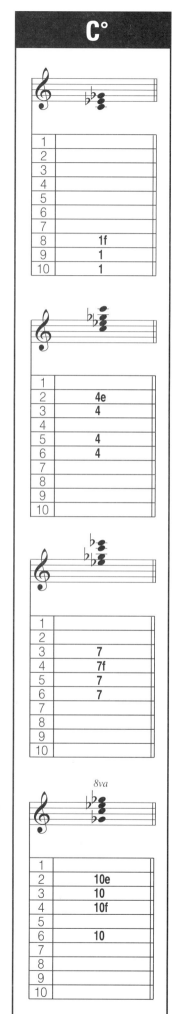

C		Cm		C+		C°	
1	1	1		1		1	
2	1	2		2		2	
3		3		3		3	
4		4		4		4	
5	1	5	1	5		5	
6		6		6	3b	6	
7	1	7	1	7		7	
8		8		8	3f	8	1f
9		9	1	9		9	1
10		10	1	10	3a	10	1

C		Cm		C+		C°	
1		1		1		1	
2		2		2		2	4e
3	3b	3	4	3	3b	3	4
4	3	4	4d	4	3f	4	
5	3a	5	4	5	3a	5	4
6	3b	6	4	6	3b	6	4
7		7		7		7	
8		8		8		8	
9		9		9		9	
10		10		10		10	

C		Cm		C+		C°	
1		1		1		1	
2		2		2		2	
3	8	3	6b	3	7b	3	7
4	8	4	6c	4	7f	4	7f
5	8	5	6c	5	7a	5	7
6	8	6		6	7b	6	7
7		7		7		7	
8	8	8		8	7f	8	
9		9		9		9	
10		10		10		10	

8va (C)   *8va* (C+)   *8va* (C°)

C		Cm		C+		C°	
1	10	1		1		1	
2	10e	2		2		2	10e
3	10b	3		3	11b	3	10
4	10c	4		4	11f	4	10f
5		5	11a	5	11a	5	
6		6	11	6	11b	6	10
7		7		7		7	
8		8	11	8		8	
9		9		9		9	
10		10		10		10	

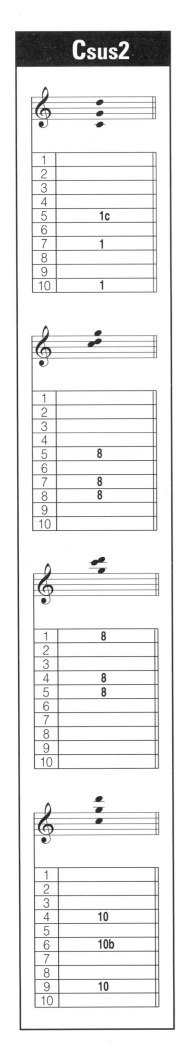
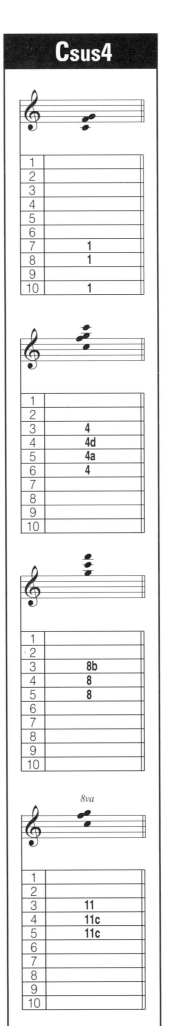

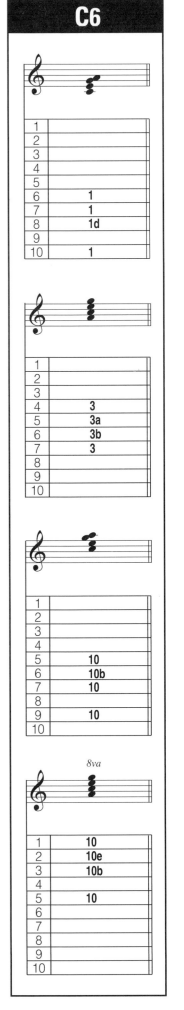

C6/9

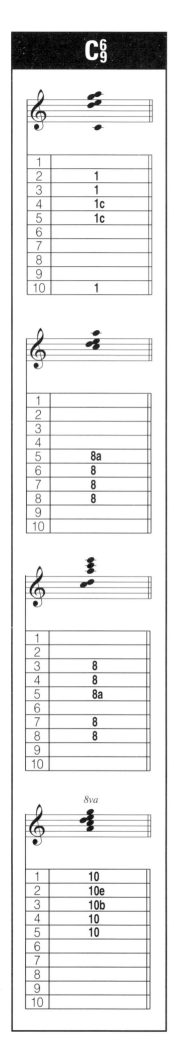

#	
1	
2	1
3	1
4	1c
5	1c
6	
7	
8	
9	
10	1

#	
1	
2	
3	
4	
5	8a
6	8
7	8
8	8
9	
10	

#	
1	
2	
3	8
4	8
5	8a
6	
7	8
8	8
9	
10	

8va

#	
1	10
2	10e
3	10b
4	10
5	10
6	
7	
8	
9	
10	

Cm(add9)

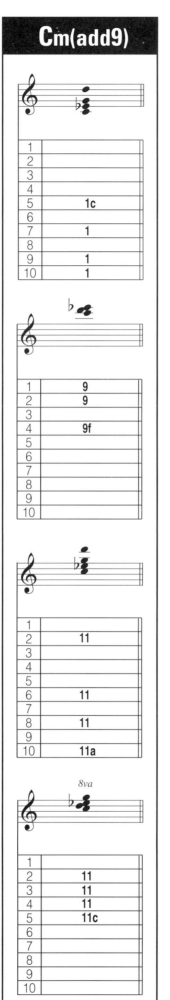

#	
1	
2	
3	
4	
5	1c
6	
7	1
8	
9	1
10	1

#	
1	9
2	9
3	
4	9f
5	
6	
7	
8	
9	
10	

#	
1	
2	11
3	
4	
5	
6	11
7	
8	11
9	
10	11a

8va

#	
1	
2	11
3	11
4	11
5	11c
6	
7	
8	
9	
10	

Cm6

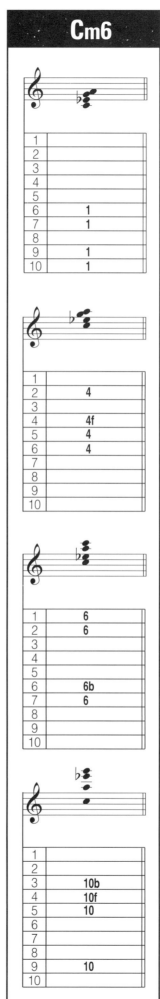

#	
1	
2	
3	
4	
5	
6	1
7	1
8	
9	1
10	1

#	
1	
2	4
3	
4	4f
5	4
6	4
7	
8	
9	
10	

#	
1	6
2	6
3	
4	
5	
6	6b
7	6
8	
9	
10	

#	
1	
2	
3	10b
4	10f
5	10
6	
7	
8	
9	10
10	

Cm6/9

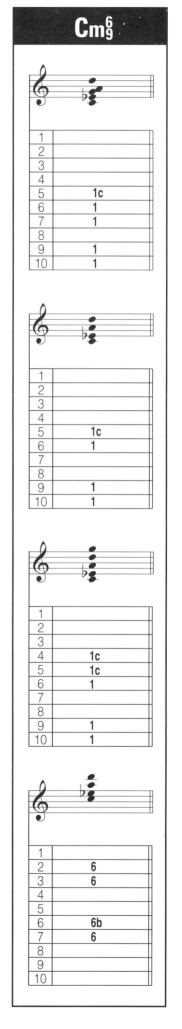

#	
1	
2	
3	
4	
5	1c
6	1
7	1
8	
9	1
10	1

#	
1	
2	
3	
4	
5	1c
6	1
7	
8	
9	1
10	1

#	
1	
2	
3	
4	1c
5	1c
6	1
7	
8	
9	1
10	1

#	
1	
2	6
3	6
4	
5	
6	6b
7	6
8	
9	
10	

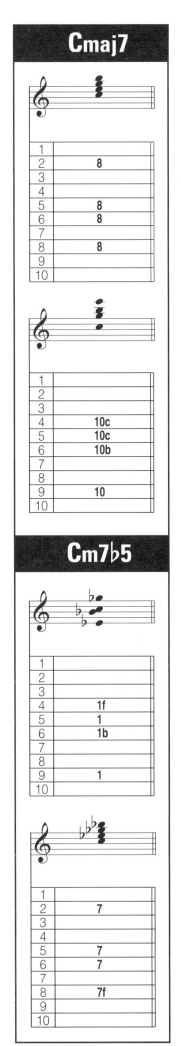
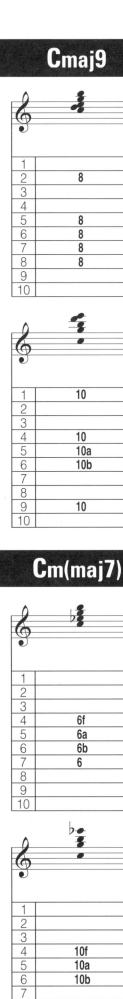
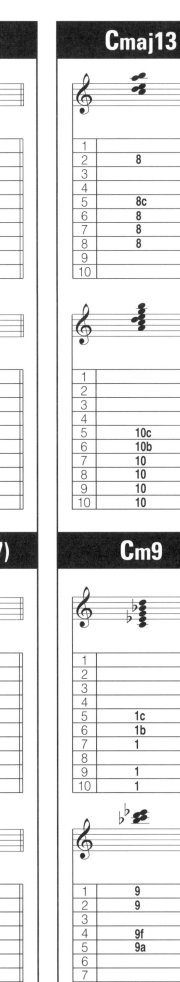
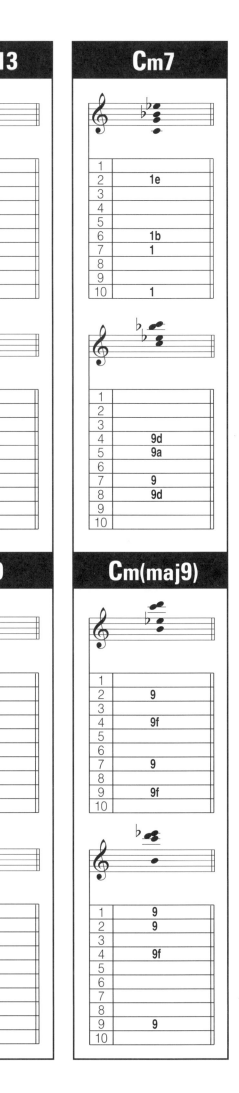

Cmaj7

#	
1	
2	8
3	
4	
5	8
6	8
7	
8	8
9	
10	

#	
1	
2	
3	
4	10c
5	10c
6	10b
7	
8	
9	10
10	

Cmaj9

#	
1	
2	8
3	
4	
5	8
6	8
7	8
8	8
9	
10	

#	
1	10
2	
3	
4	10
5	10a
6	10b
7	
8	
9	10
10	

Cmaj13

#	
1	
2	8
3	
4	
5	8c
6	8
7	8
8	8
9	
10	

#	
1	
2	
3	
4	
5	10c
6	10b
7	10
8	10
9	10
10	10

Cm7

#	
1	
2	1e
3	
4	
5	
6	1b
7	1
8	
9	
10	1

#	
1	
2	
3	
4	9d
5	9a
6	
7	9
8	9d
9	
10	

Cm7♭5

#	
1	
2	
3	
4	1f
5	1
6	1b
7	
8	
9	1
10	

#	
1	
2	7
3	
4	
5	7
6	7
7	
8	7f
9	
10	

Cm(maj7)

#	
1	
2	
3	
4	6f
5	6a
6	6b
7	6
8	
9	
10	

#	
1	
2	
3	
4	10f
5	10a
6	10b
7	
8	
9	10
10	

Cm9

#	
1	
2	
3	
4	
5	1c
6	1b
7	1
8	
9	1
10	1

#	
1	9
2	9
3	
4	9f
5	9a
6	
7	
8	
9	
10	

Cm(maj9)

#	
1	
2	9
3	
4	9f
5	
6	
7	9
8	
9	9f
10	

#	
1	9
2	9
3	
4	9f
5	
6	
7	
8	
9	9
10	

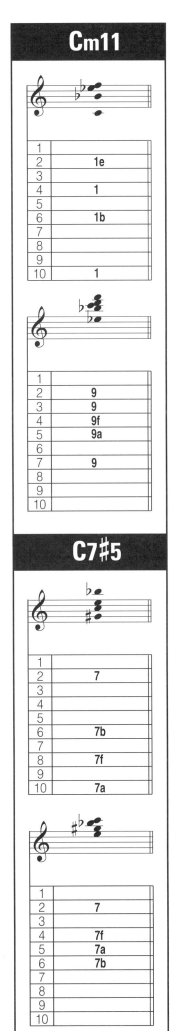

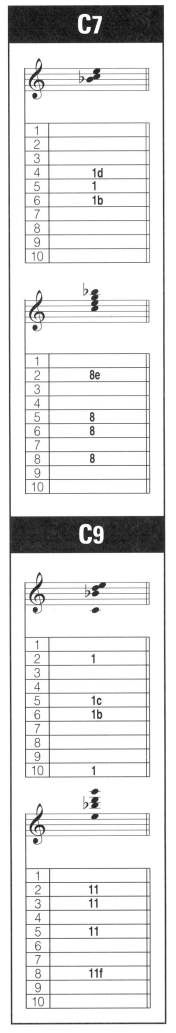

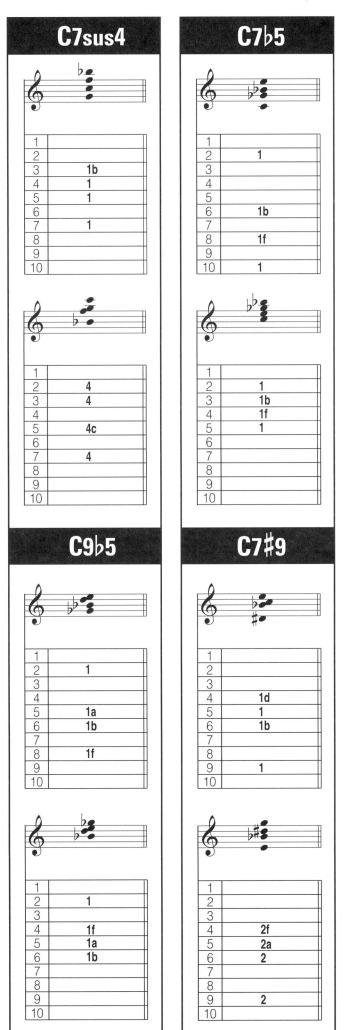

C7♭9

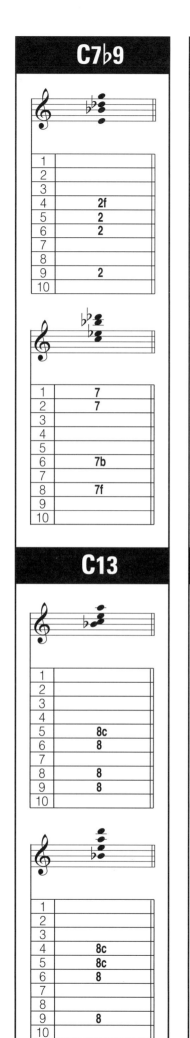

#	
1	
2	
3	
4	2f
5	2
6	2
7	
8	
9	2
10	

#	
1	7
2	7
3	
4	
5	
6	7b
7	
8	7f
9	
10	

C7#9#5

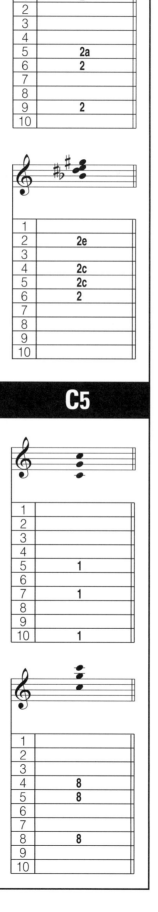

#	
1	2
2	
3	
4	
5	2a
6	2
7	
8	
9	2
10	

#	
1	
2	2e
3	
4	2c
5	2c
6	2
7	
8	
9	
10	

C7♭9#5

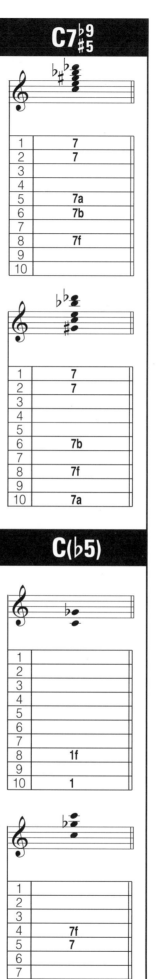

#	
1	7
2	7
3	
4	
5	7a
6	7b
7	
8	7f
9	
10	

#	
1	7
2	7
3	
4	
5	
6	7b
7	
8	7f
9	
10	7a

C11

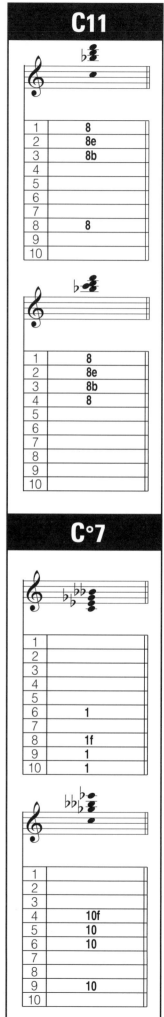

#	
1	8
2	8e
3	8b
4	
5	
6	
7	
8	8
9	
10	

#	
1	8
2	8e
3	8b
4	8
5	
6	
7	
8	
9	
10	

C13

#	
1	
2	
3	
4	
5	8c
6	8
7	
8	8
9	8
10	

#	
1	
2	
3	
4	8c
5	8c
6	8
7	
8	
9	8
10	

C5

#	
1	
2	
3	
4	
5	1
6	
7	1
8	
9	
10	1

#	
1	
2	
3	
4	8
5	8
6	
7	
8	8
9	
10	

C(♭5)

#	
1	
2	
3	
4	
5	
6	
7	
8	1f
9	
10	1

#	
1	
2	
3	
4	7f
5	7
6	
7	
8	7f
9	
10	

C°7

#	
1	
2	
3	
4	
5	
6	1
7	
8	1f
9	
10	1

#	
1	
2	
3	
4	10f
5	10
6	10
7	
8	
9	10
10	

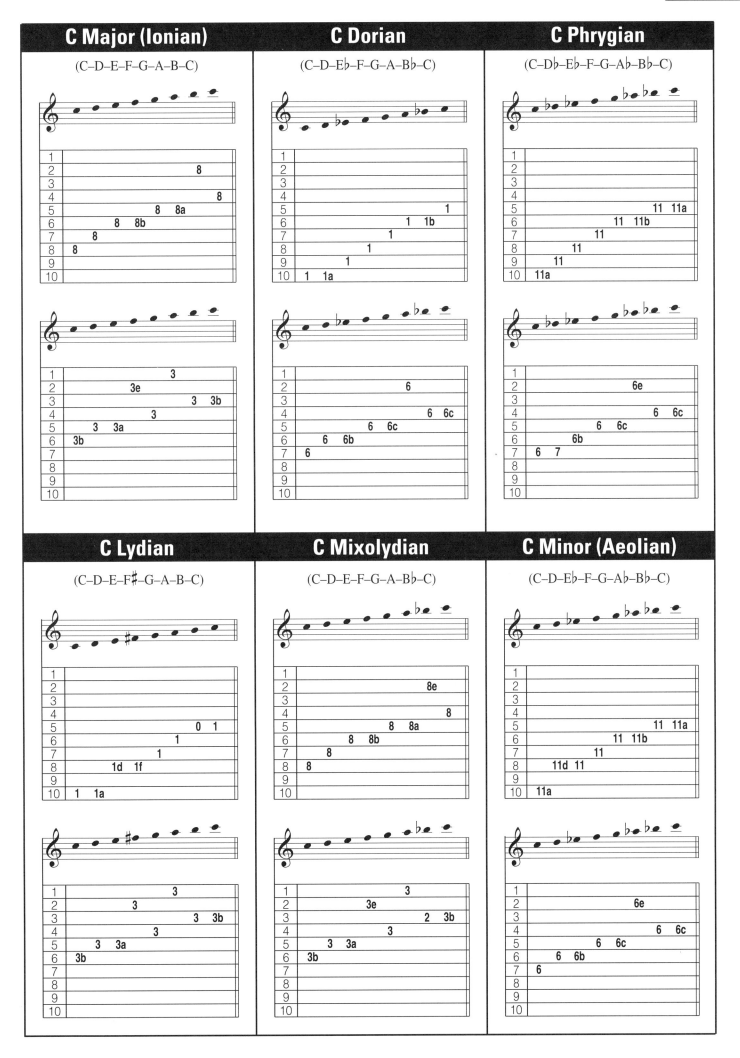

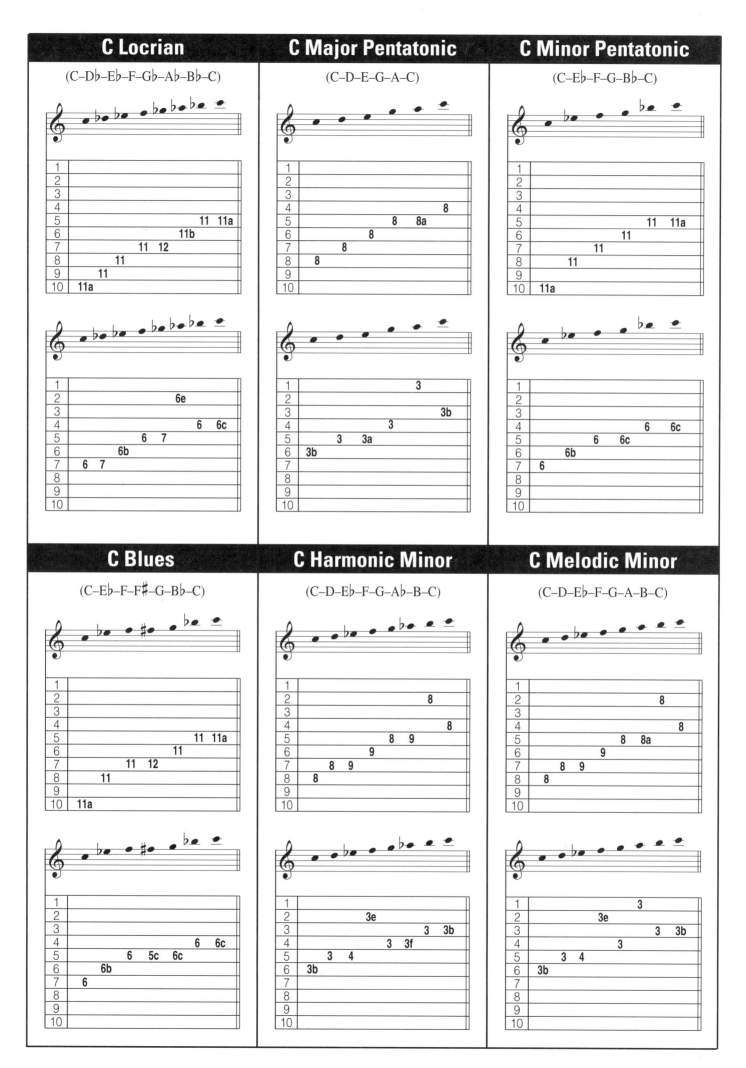

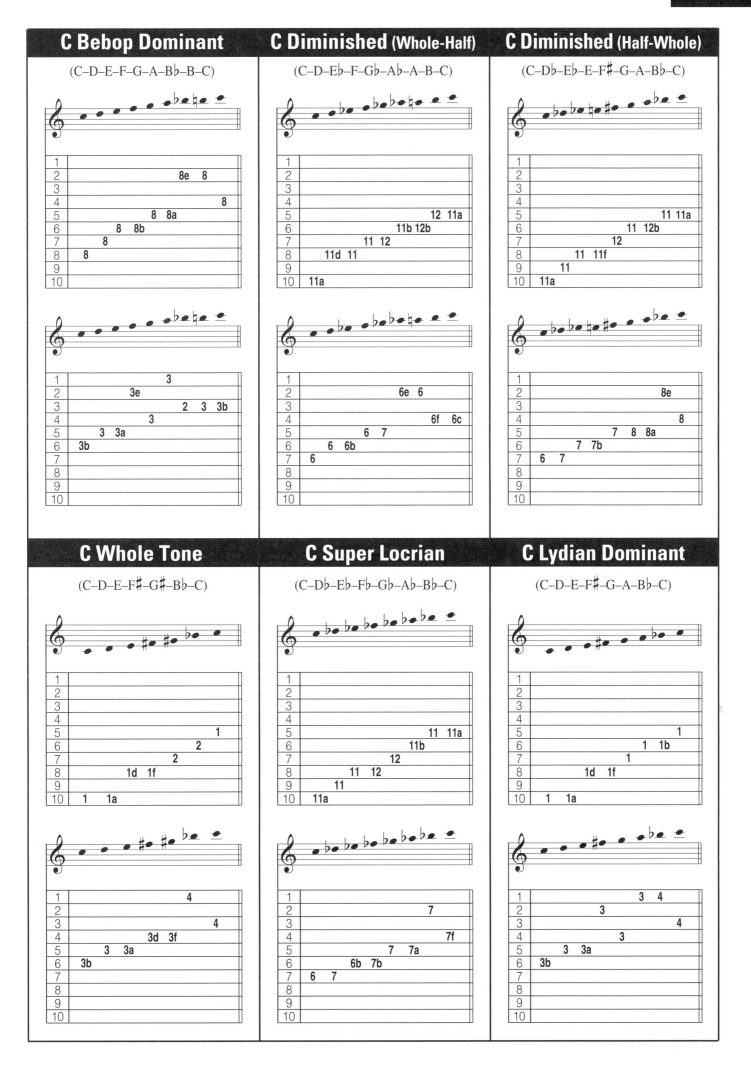

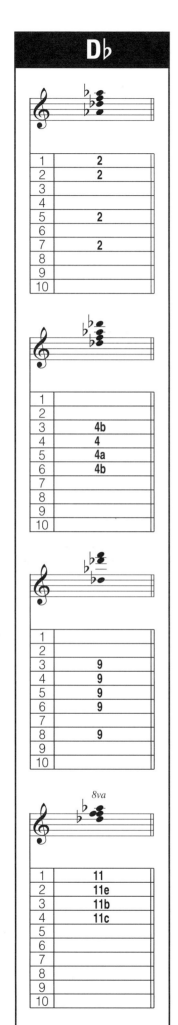
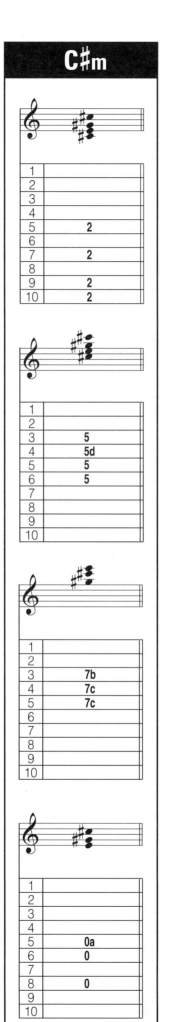
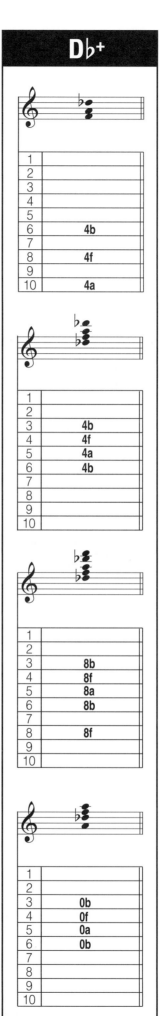
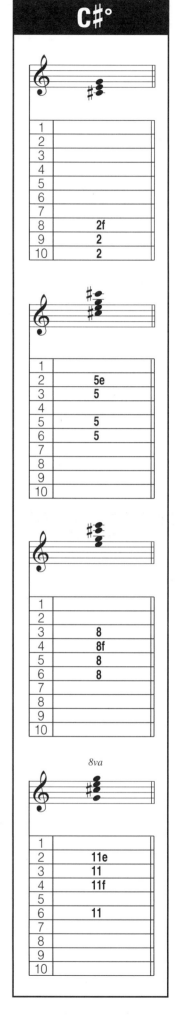

Dbsus2

1	
2	
3	
4	
5	2c
6	
7	2
8	
9	
10	2

1	
2	
3	
4	
5	9
6	
7	9
8	9
9	
10	

1	9
2	
3	
4	9
5	9
6	
7	
8	
9	
10	

1	
2	
3	
4	11
5	
6	11b
7	
8	
9	11
10	

Dbsus4

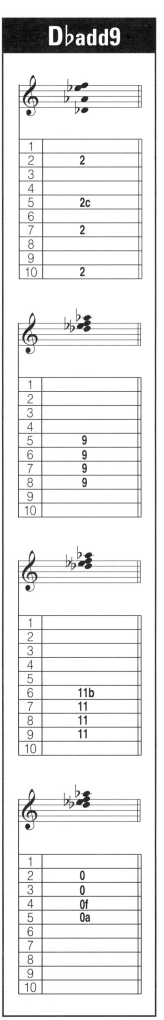

1	
2	
3	
4	
5	
6	
7	2
8	2
9	
10	2

1	
2	
3	5
4	5d
5	5a
6	5
7	
8	
9	
10	

1	
2	
3	9b
4	9
5	9
6	
7	
8	
9	
10	

1	
2	
3	0
4	0c
5	0c
6	
7	
8	
9	
10	

Dbadd9

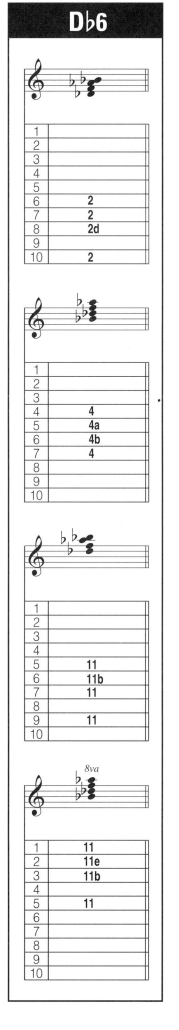

1	
2	2
3	
4	
5	2c
6	
7	2
8	
9	
10	2

1	
2	
3	
4	
5	9
6	9
7	9
8	9
9	
10	

1	
2	
3	
4	
5	
6	11b
7	11
8	11
9	11
10	

1	
2	0
3	0
4	0f
5	0a
6	
7	
8	
9	
10	

Db6

1	
2	
3	
4	
5	
6	2
7	2
8	2d
9	
10	2

1	
2	
3	
4	4
5	4a
6	4b
7	4
8	
9	
10	

1	
2	
3	
4	
5	11
6	11b
7	11
8	
9	11
10	

8va

1	11
2	11e
3	11b
4	
5	11
6	
7	
8	
9	
10	

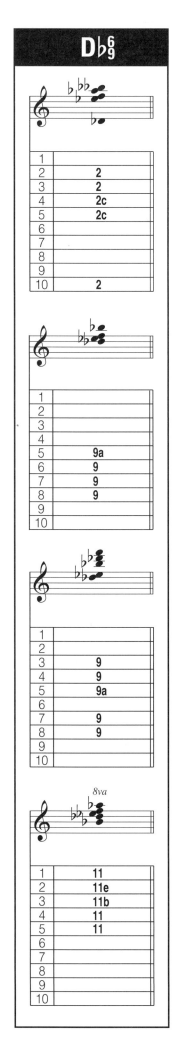
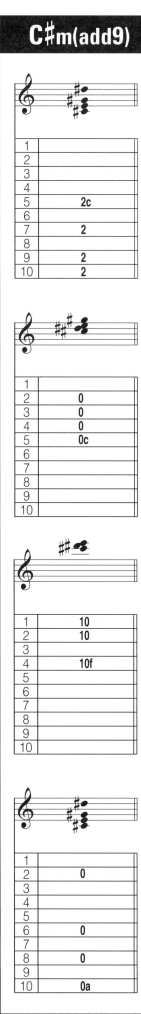
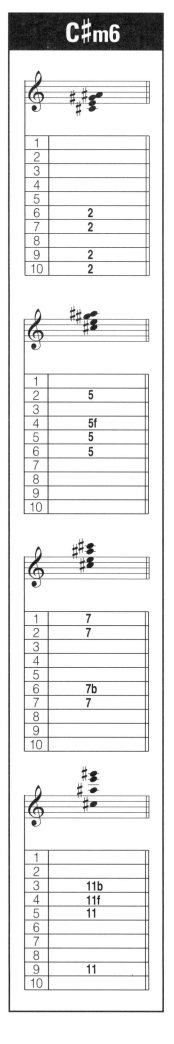
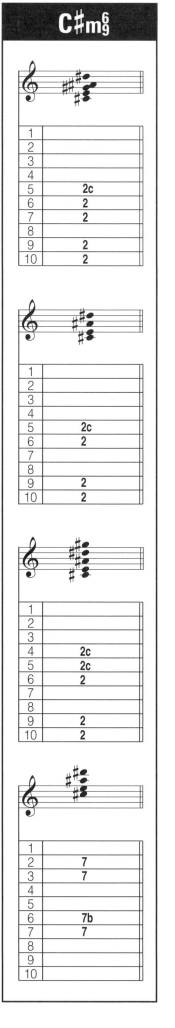

Dbmaj7

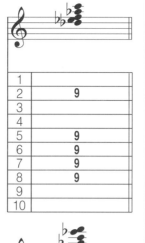

1	
2	9
3	
4	
5	9
6	9
7	
8	9
9	
10	

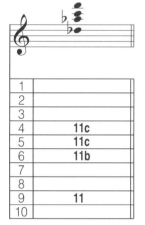

1	
2	
3	
4	11c
5	11c
6	11b
7	
8	
9	11
10	

Dbmaj9

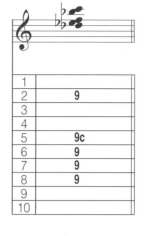

1	
2	9
3	
4	
5	9
6	9
7	9
8	9
9	
10	

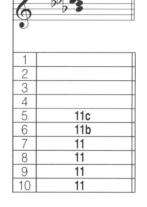

1	11
2	
3	
4	11
5	11a
6	11b
7	
8	
9	11
10	

Dbmaj13

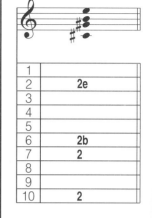

1	
2	9
3	
4	
5	9c
6	9
7	9
8	9
9	
10	

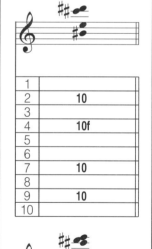

1	
2	
3	
4	
5	11c
6	11b
7	11
8	11
9	11
10	11

C#m7

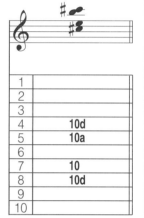

1	
2	2e
3	
4	
5	
6	2b
7	2
8	
9	
10	2

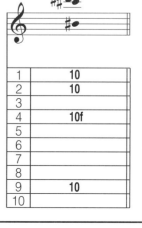

1	
2	
3	
4	10d
5	10a
6	
7	10
8	10d
9	
10	

C#m7b5

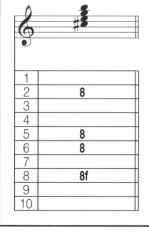

1	
2	
3	
4	2f
5	2
6	2b
7	
8	
9	2
10	

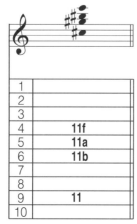

1	
2	8
3	
4	
5	8
6	8
7	
8	8f
9	
10	

C#m(maj7)

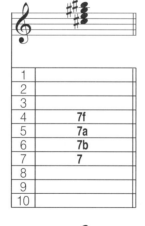

1	
2	
3	
4	7f
5	7a
6	7b
7	7
8	
9	
10	

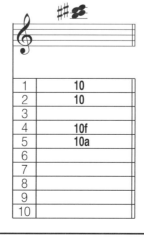

1	
2	
3	
4	11f
5	11a
6	11b
7	
8	
9	11
10	

C#m9

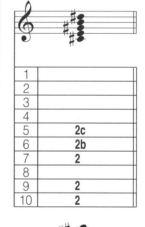

1	
2	
3	
4	
5	2c
6	2b
7	2
8	
9	2
10	2

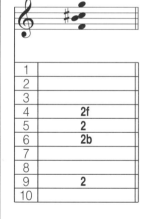

1	10
2	10
3	
4	10f
5	10a
6	
7	
8	
9	
10	

C#m(maj9)

1	
2	10
3	
4	10f
5	
6	
7	10
8	
9	10
10	

1	10
2	10
3	
4	10f
5	
6	
7	
8	
9	10
10	

C#m11

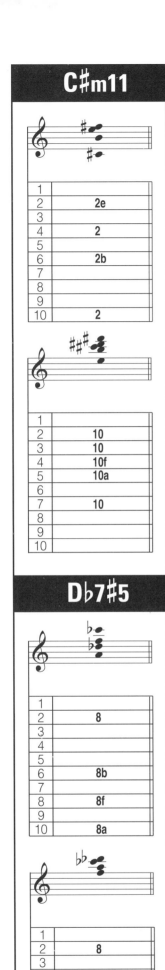

1	
2	2e
3	
4	2
5	
6	2b
7	
8	
9	
10	2

1	
2	10
3	10
4	10f
5	10a
6	
7	10
8	
9	
10	

Db7

1	
2	
3	
4	2d
5	2
6	2b
7	
8	
9	
10	

1	
2	9e
3	
4	
5	9
6	9
7	
8	9
9	
10	

Db7sus4

1	
2	
3	2b
4	2
5	2
6	
7	2
8	
9	
10	

1	
2	5
3	5
4	
5	5c
6	
7	5
8	
9	
10	

Db7b5

1	
2	2
3	
4	
5	
6	2b
7	
8	2f
9	
10	2

1	
2	2
3	2b
4	2f
5	2
6	
7	
8	
9	
10	

Db7#5

1	
2	8
3	
4	
5	
6	8b
7	
8	8f
9	
10	8a

1	
2	8
3	
4	8f
5	8a
6	8b
7	
8	
9	
10	

Db9

1	
2	2
3	
4	
5	2c
6	2b
7	
8	
9	
10	2

1	
2	0
3	0
4	
5	0
6	
7	
8	0f
9	
10	

Db9b5

1	
2	2
3	
4	
5	2a
6	2b
7	
8	2f
9	
10	

1	
2	2
3	
4	2f
5	2a
6	2b
7	
8	
9	
10	

Db7#9

1	
2	
3	
4	2d
5	2
6	2b
7	
8	
9	2
10	

1	
2	
3	
4	3f
5	3a
6	3
7	
8	
9	3
10	

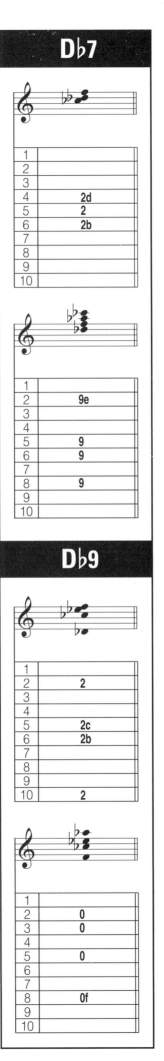
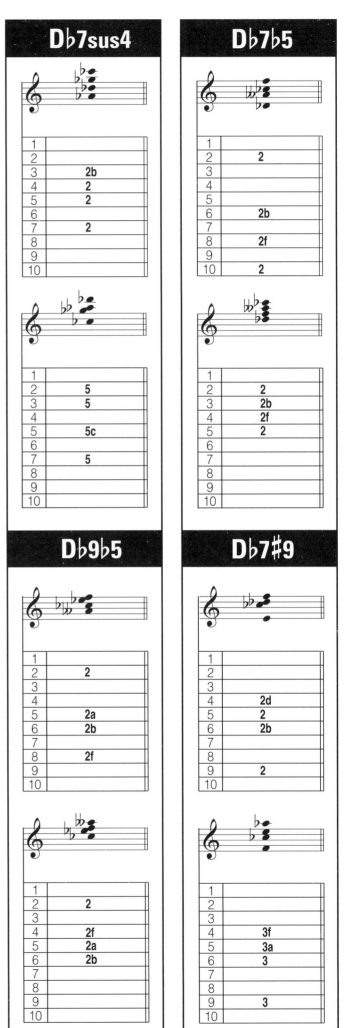

Db7b9

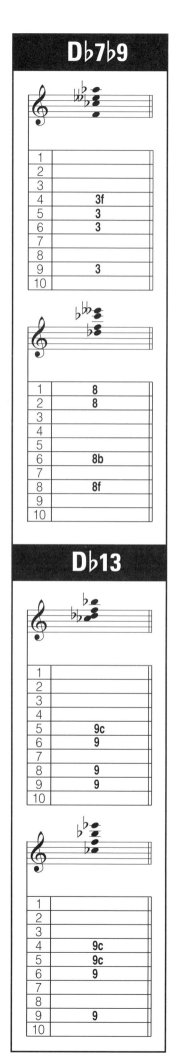

#	Db7b9 (1)
1	
2	
3	
4	3f
5	3
6	3
7	
8	
9	3
10	

#	Db7b9 (2)
1	8
2	8
3	
4	
5	
6	8b
7	
8	8f
9	
10	

Db7#9#5

#	Db7#9#5 (1)
1	3
2	
3	
4	
5	3a
6	3
7	
8	
9	3
10	

#	Db7#9#5 (2)
1	
2	3e
3	
4	3c
5	3c
6	3
7	
8	
9	
10	

Db7b9#5

#	Db7b9#5 (1)
1	8
2	8
3	
4	
5	8a
6	8b
7	
8	8f
9	
10	

#	Db7b9#5 (2)
1	8
2	8
3	
4	
5	
6	8b
7	
8	8f
9	
10	8a

Db11

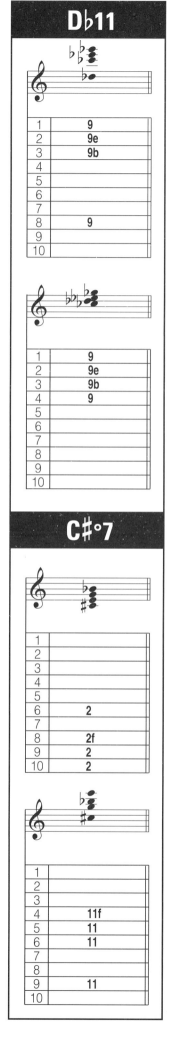

#	Db11 (1)
1	9
2	9e
3	9b
4	
5	
6	
7	
8	9
9	
10	

#	Db11 (2)
1	9
2	9e
3	9b
4	9
5	
6	
7	
8	
9	
10	

Db13

#	Db13 (1)
1	
2	
3	
4	
5	9c
6	9
7	
8	9
9	9
10	

#	Db13 (2)
1	
2	
3	
4	9c
5	9c
6	9
7	
8	
9	9
10	

Db5

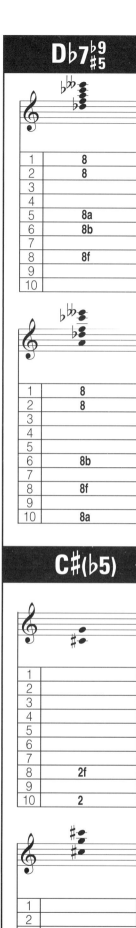

#	Db5 (1)
1	
2	
3	
4	
5	2
6	
7	2
8	
9	
10	2

#	Db5 (2)
1	
2	
3	
4	9
5	9
6	
7	
8	9
9	
10	

C#(b5)

#	C#(b5) (1)
1	
2	
3	
4	
5	
6	
7	
8	2f
9	
10	2

#	C#(b5) (2)
1	
2	
3	
4	8f
5	8
6	
7	
8	8f
9	
10	

C#°7

#	C#°7 (1)
1	
2	
3	
4	
5	
6	2
7	
8	2f
9	2
10	2

#	C#°7 (2)
1	
2	
3	
4	11f
5	11
6	11
7	
8	
9	11
10	

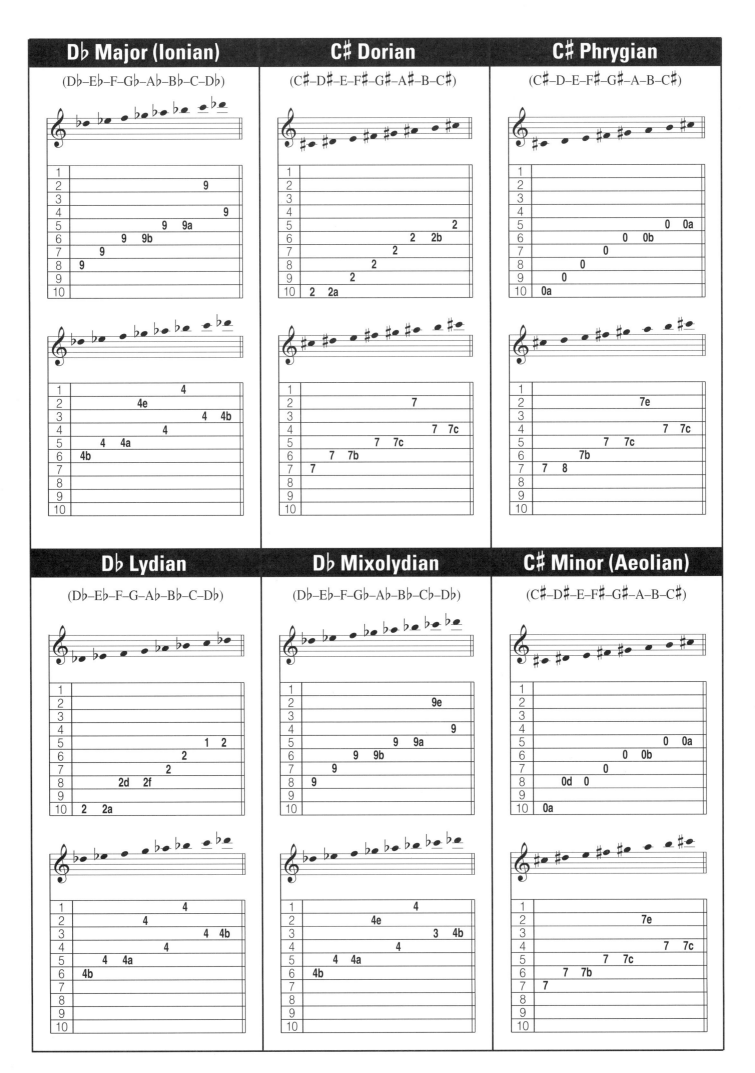

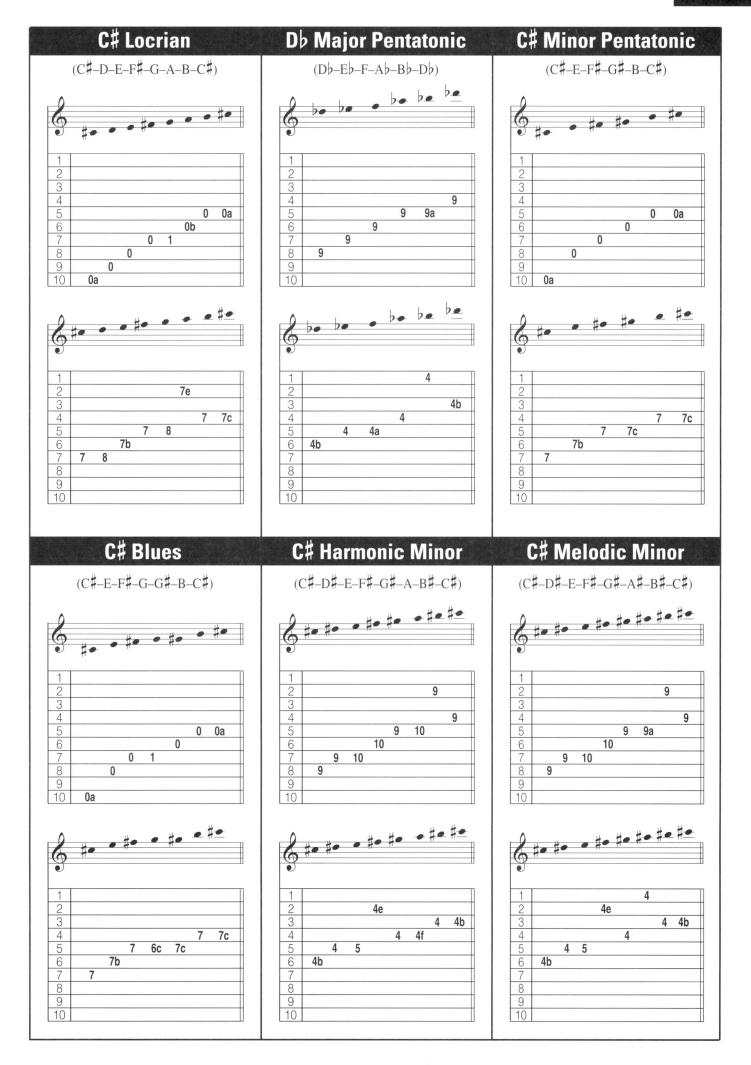

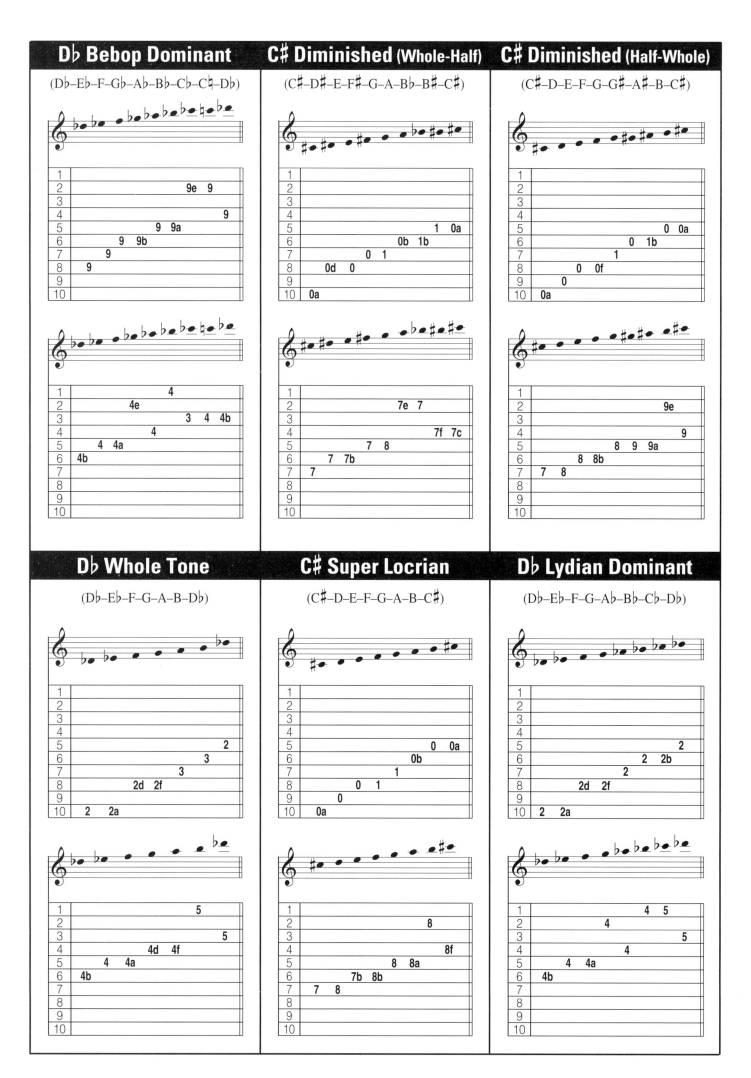

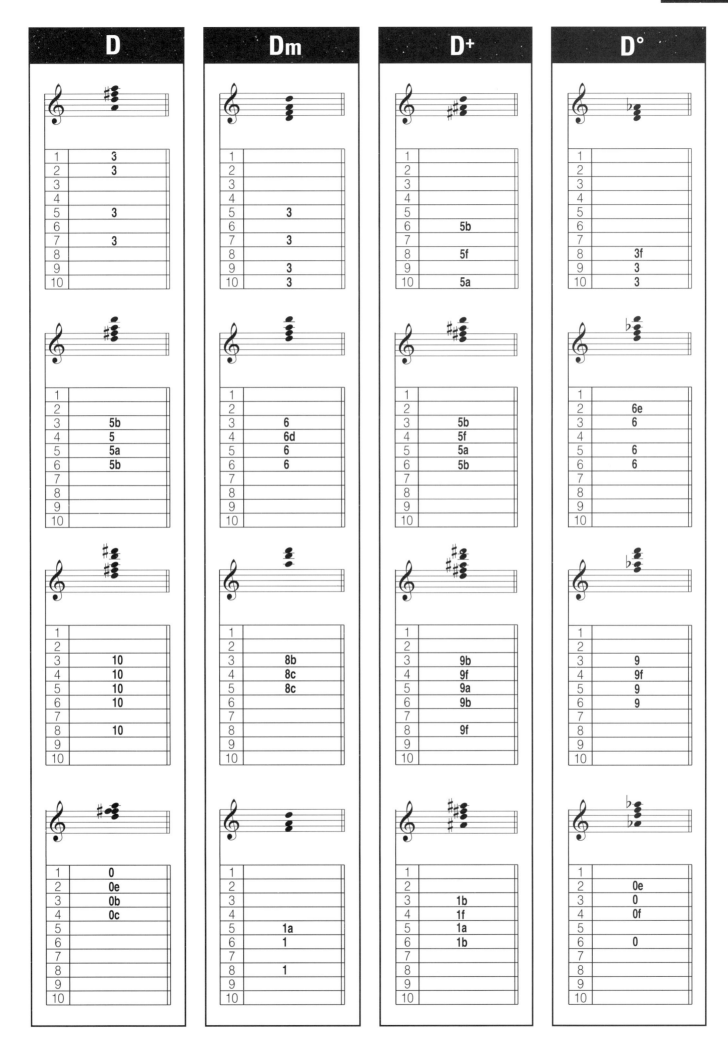

Dsus2 | Dsus4 | Dadd9 | D6

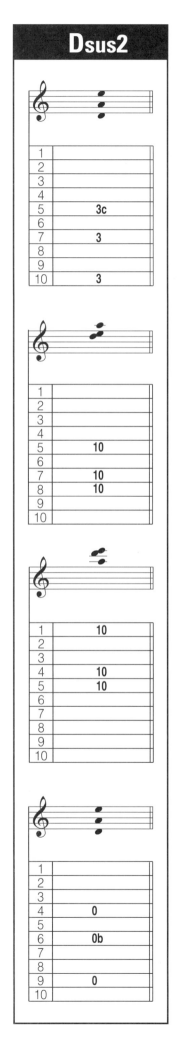
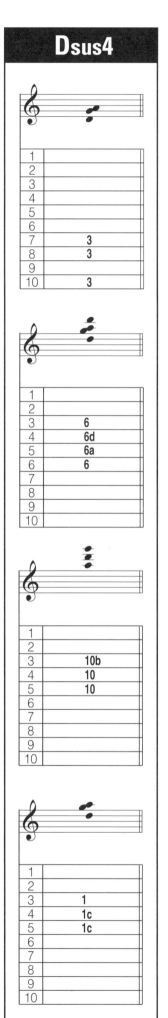
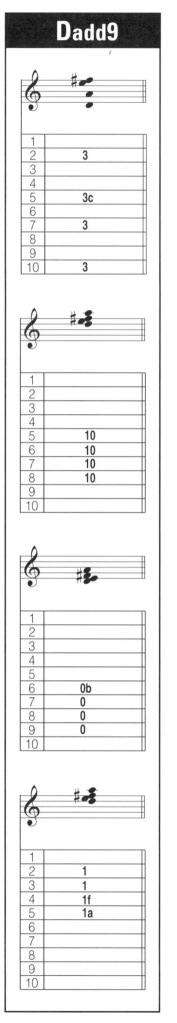
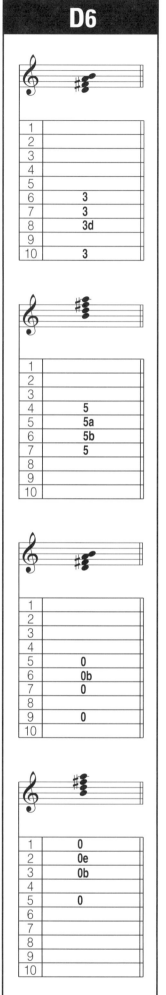

Dsus2

	Diagram 1	Diagram 2	Diagram 3	Diagram 4
1			10	
2				
3				
4			10	0
5	3c	10	10	
6				0b
7	3	10		
8		10		
9				0
10	3			

Dsus4

	Diagram 1	Diagram 2	Diagram 3	Diagram 4
1				
2				
3		6	10b	1
4		6d	10	1c
5		6a	10	1c
6		6		
7	3			
8	3			
9				
10	3			

Dadd9

	Diagram 1	Diagram 2	Diagram 3	Diagram 4
1				
2	3			1
3				1
4				1f
5	3c	10		1a
6		10	0b	
7	3	10	0	
8		10	0	
9			0	
10	3			

D6

	Diagram 1	Diagram 2	Diagram 3	Diagram 4
1				0
2				0e
3				0b
4		5		
5		5a	0	0
6	3	5b	0b	
7	3	5	0	
8	3d			
9			0	
10	3			

D⁶₉   Dm(add9)   Dm6   Dm⁶₉

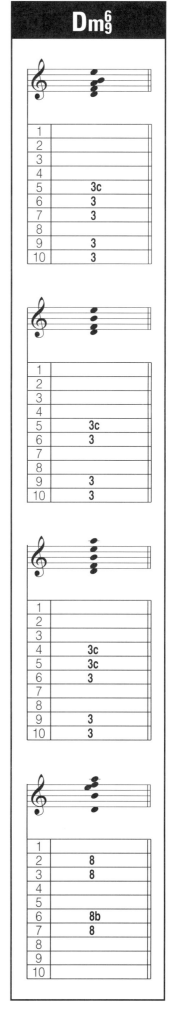

#	D$^6_9$	Dm(add9)	Dm6	Dm$^6_9$
1				
2	3			
3	3			
4	3c			
5	3c	3c		3c
6			3	3
7		3	3	3
8				
9		3	3	3
10	3	3	3	3

#	D$^6_9$	Dm(add9)	Dm6	Dm$^6_9$
1				
2		1	6	
3		1		
4		1	6f	
5	10a	1c	6	3c
6	10		6	3
7	10			
8	10			
9				3
10				3

#	D$^6_9$	Dm(add9)	Dm6	Dm$^6_9$
1		11	8	
2		11	8	
3	10			
4	10	11f		3c
5	10a			3c
6			8b	3
7	10		8	
8	10			
9				3
10				3

#	D$^6_9$	Dm(add9)	Dm6	Dm$^6_9$
1	0			
2	0e	1		8
3	0b		0b	8
4	0		0f	
5	0		0	
6		1		8b
7				8
8		1		
9			0	
10		1a		

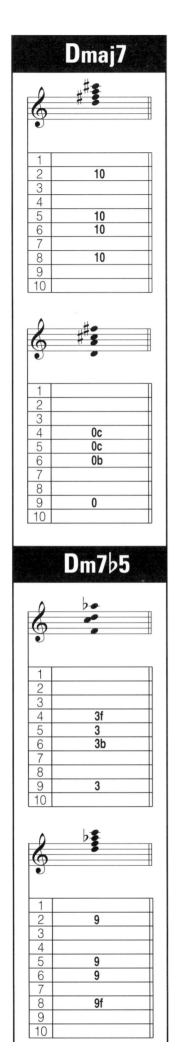
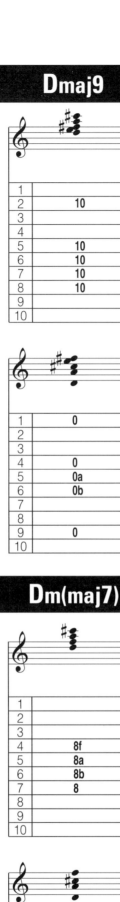

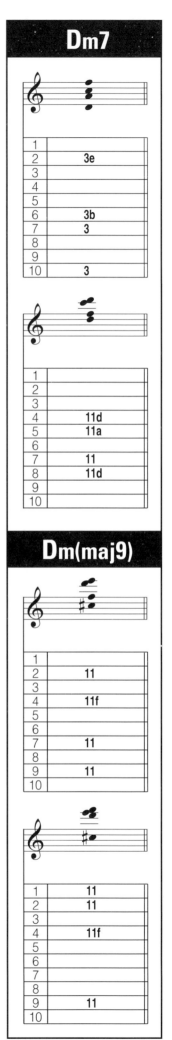

Dmaj7

#	Voicing 1	Voicing 2
1		
2	10	
3		
4		0c
5	10	0c
6	10	0b
7		
8	10	
9		0
10		

Dmaj9

#	Voicing 1	Voicing 2
1		0
2	10	
3		
4		0
5	10	0a
6	10	0b
7	10	
8	10	
9		0
10		

Dmaj13

#	Voicing 1	Voicing 2
1		
2	10	
3		
4		
5	10c	0c
6	10	0b
7	10	0
8	10	0
9		0
10		0

Dm7

#	Voicing 1	Voicing 2
1		
2	3e	
3		
4		11d
5		11a
6	3b	
7	3	11
8		11d
9		
10	3	

Dm7♭5

#	Voicing 1	Voicing 2
1		
2		9
3		
4	3f	
5	3	9
6	3b	9
7		
8		9f
9	3	
10		

Dm(maj7)

#	Voicing 1	Voicing 2
1		
2		
3		
4	8f	0f
5	8a	0a
6	8b	0b
7	8	
8		
9		0
10		

Dm9

#	Voicing 1	Voicing 2
1		11
2		11
3		
4		11f
5	3c	11a
6	3b	
7	3	
8		
9	3	
10	3	

Dm(maj9)

#	Voicing 1	Voicing 2
1		11
2	11	11
3		
4	11f	11f
5		
6		
7	11	
8		
9	11	11
10		

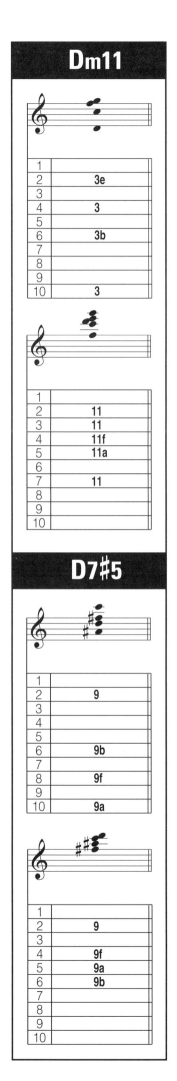

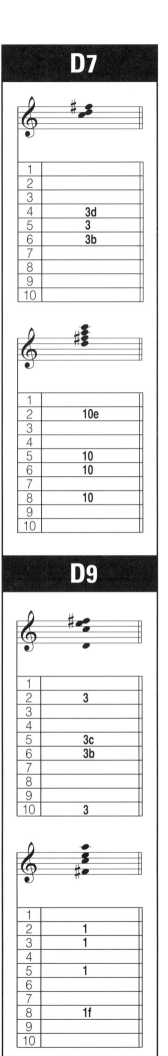

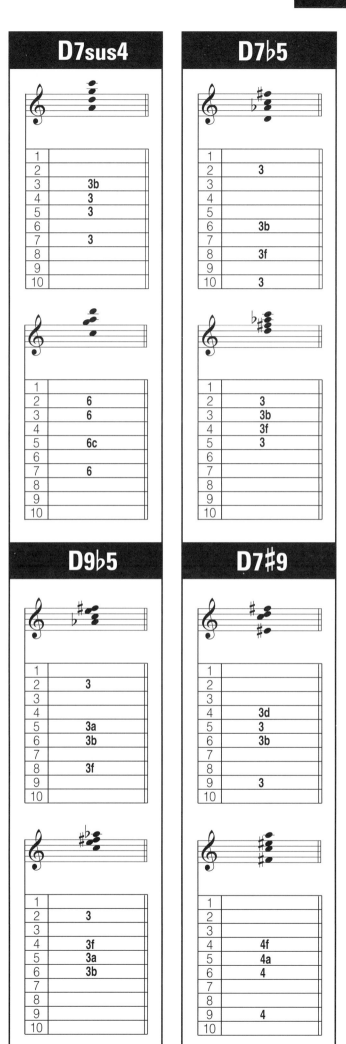

Dm11

#	
1	
2	3e
3	
4	3
5	
6	3b
7	
8	
9	
10	3

#	
1	
2	11
3	11
4	11f
5	11a
6	
7	11
8	
9	
10	

D7

#	
1	
2	
3	
4	3d
5	3
6	3b
7	
8	
9	
10	

#	
1	
2	10e
3	
4	
5	10
6	10
7	
8	10
9	
10	

D7sus4

#	
1	
2	
3	3b
4	3
5	3
6	
7	3
8	
9	
10	

#	
1	
2	6
3	6
4	
5	6c
6	
7	6
8	
9	
10	

D7♭5

#	
1	
2	3
3	
4	
5	
6	3b
7	
8	3f
9	
10	3

#	
1	
2	3
3	3b
4	3f
5	3
6	
7	
8	
9	
10	

D7#5

#	
1	
2	9
3	
4	
5	
6	9b
7	
8	9f
9	
10	9a

#	
1	
2	9
3	
4	9f
5	9a
6	9b
7	
8	
9	
10	

D9

#	
1	
2	3
3	
4	
5	3c
6	3b
7	
8	
9	
10	3

#	
1	
2	1
3	1
4	
5	1
6	
7	
8	1f
9	
10	

D9♭5

#	
1	
2	3
3	
4	
5	3a
6	3b
7	
8	3f
9	
10	

#	
1	
2	3
3	
4	3f
5	3a
6	3b
7	
8	
9	
10	

D7#9

#	
1	
2	
3	
4	3d
5	3
6	3b
7	
8	
9	3
10	

#	
1	
2	
3	
4	4f
5	4a
6	4
7	
8	
9	4
10	

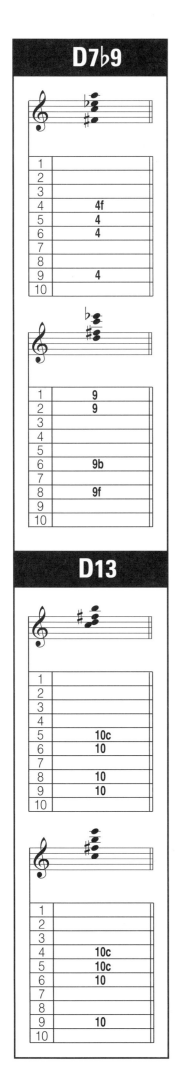
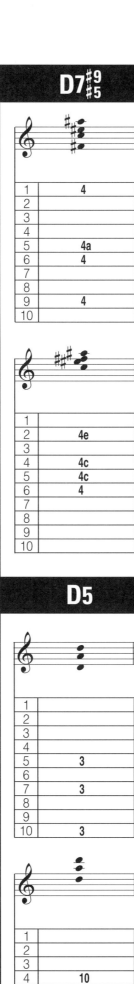
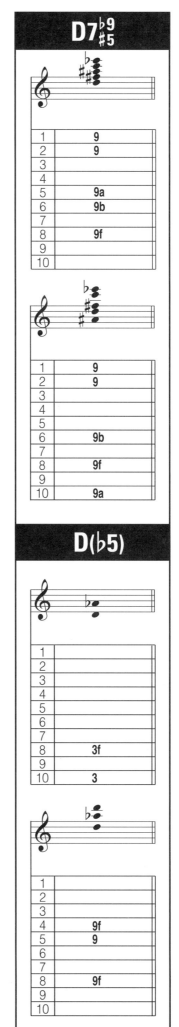
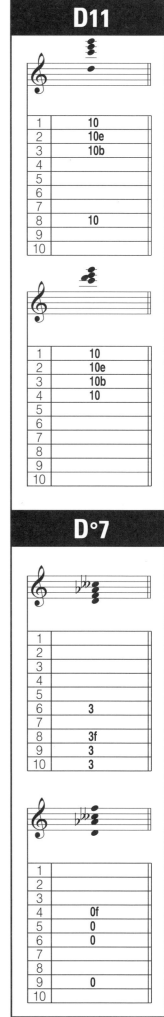

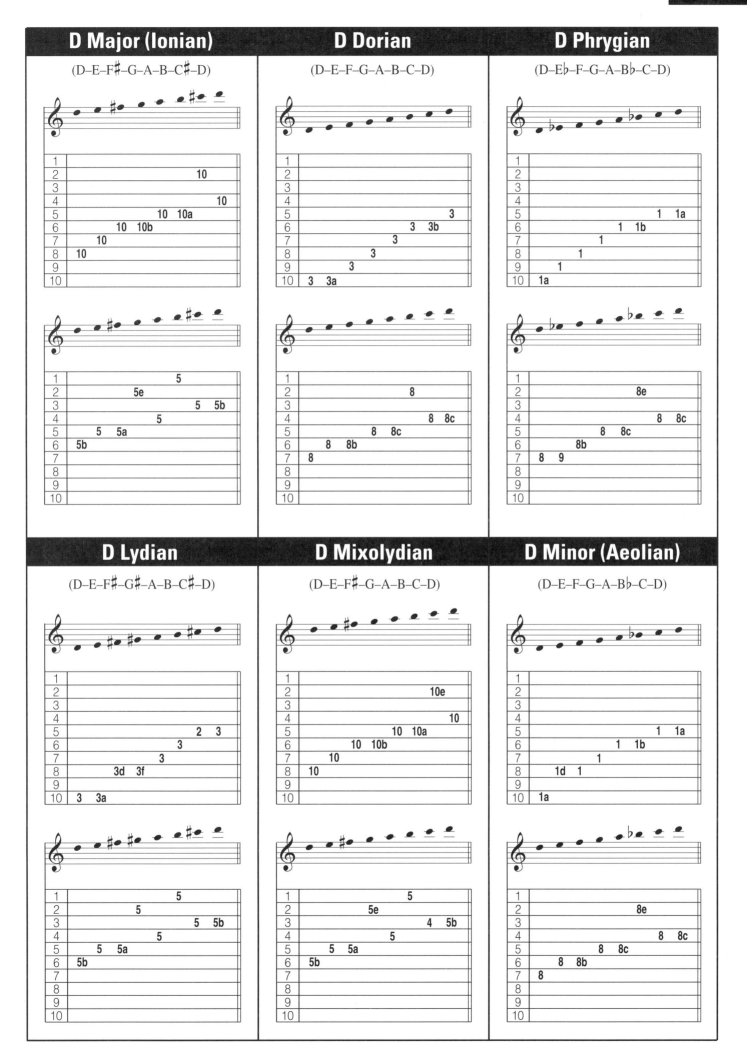

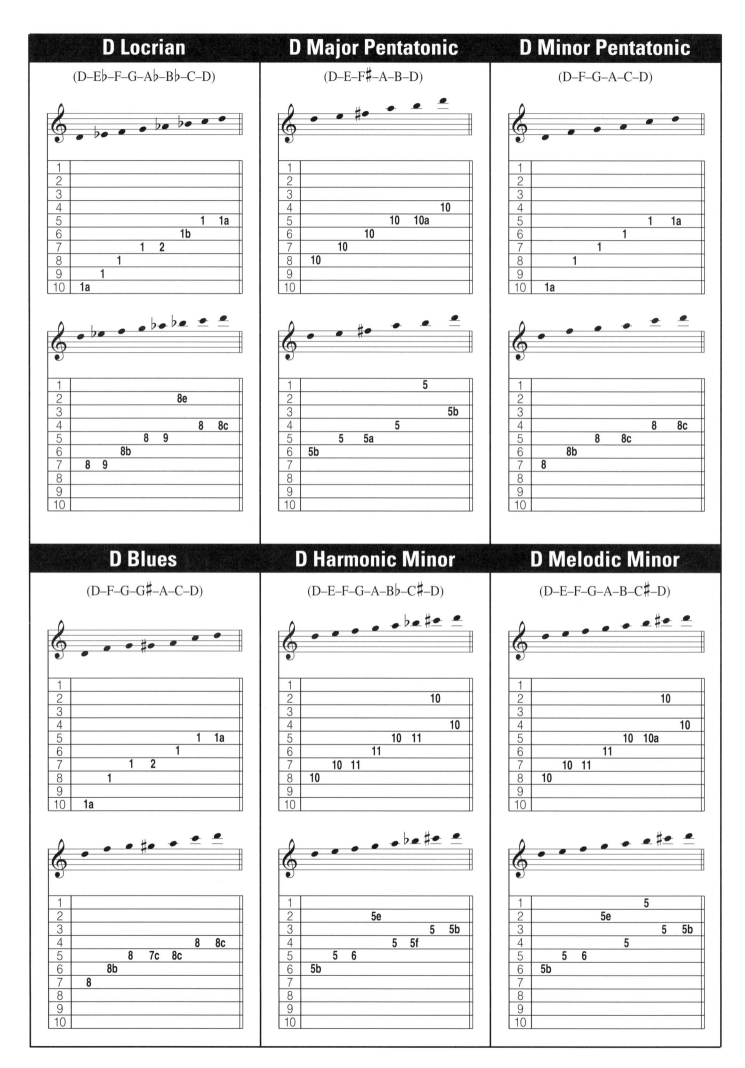

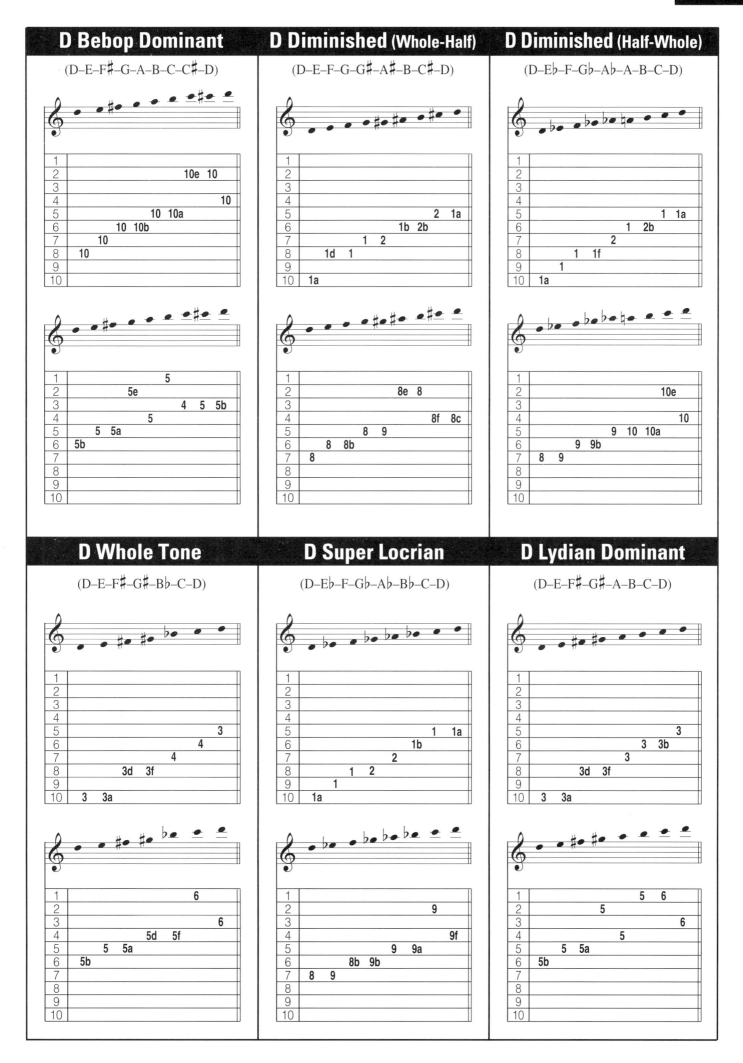

D Bebop Dominant
(D–E–F♯–G–A–B–C–C♯–D)

D Diminished (Whole-Half)
(D–E–F–G–G♯–A♯–B–C♯–D)

D Diminished (Half-Whole)
(D–E♭–F–G♭–A♭–A–B–C–D)

D Whole Tone
(D–E–F♯–G♯–B♭–C–D)

D Super Locrian
(D–E♭–F–G♭–A♭–B♭–C–D)

D Lydian Dominant
(D–E–F♯–G♯–A–B–C–D)

35

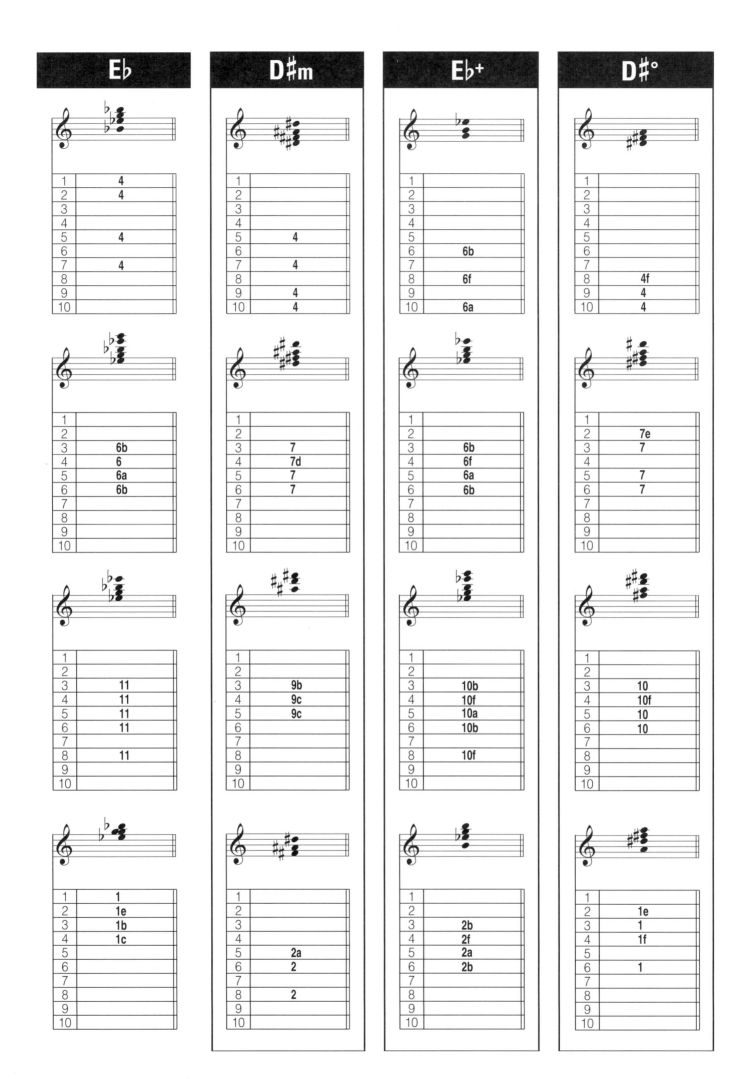

E♭sus2

E♭sus4

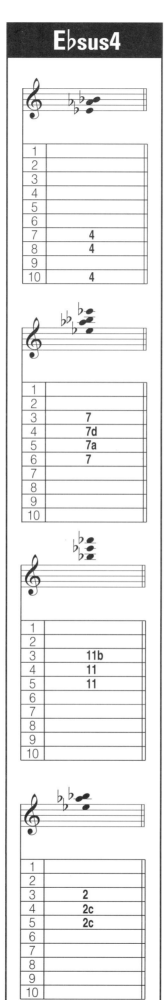

E♭add9

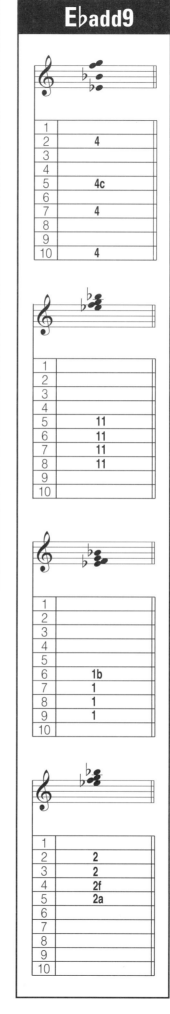

E♭6

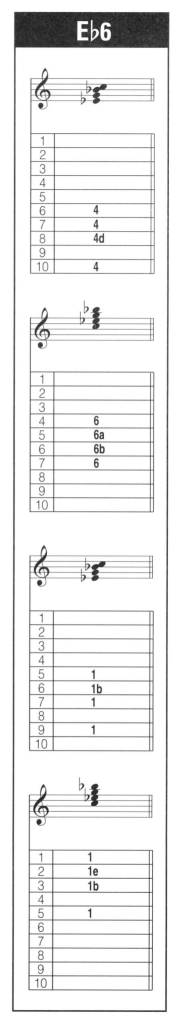

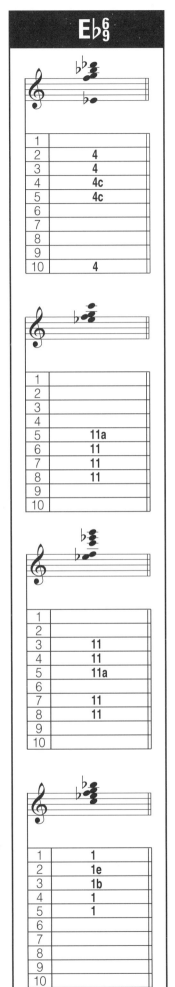
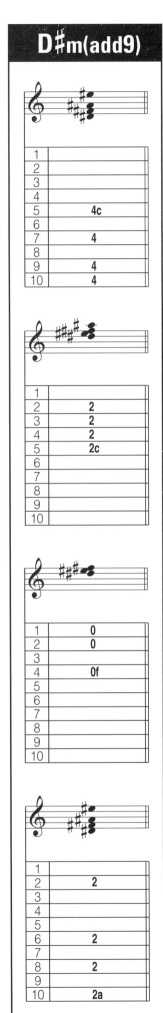
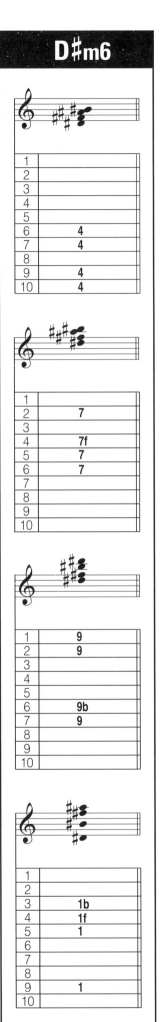
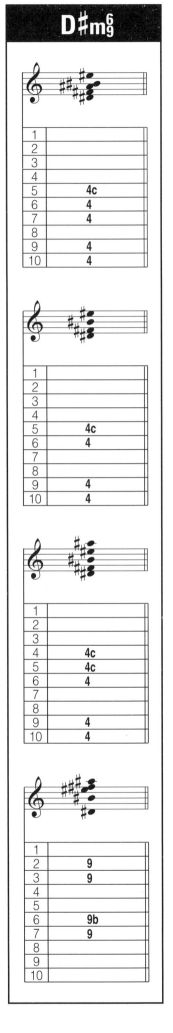

Ebmaj7

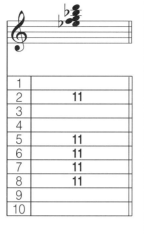

1	
2	11
3	
4	
5	11
6	11
7	
8	11
9	
10	

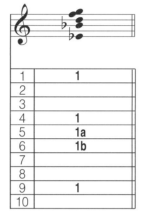

1	
2	
3	
4	1c
5	1c
6	1b
7	
8	
9	1
10	

Ebmaj9

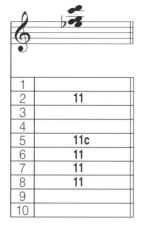

1	
2	11
3	
4	
5	11
6	11
7	11
8	11
9	
10	

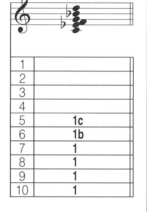

1	1
2	
3	
4	1
5	1a
6	1b
7	
8	
9	1
10	

Ebmaj13

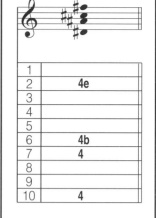

1	
2	11
3	
4	
5	11c
6	11
7	11
8	11
9	
10	

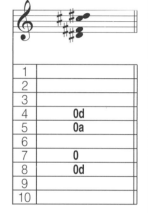

1	
2	
3	
4	
5	1c
6	1b
7	1
8	1
9	1
10	1

D#m7

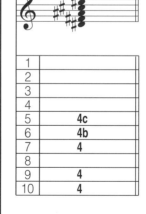

1	
2	4e
3	
4	
5	
6	4b
7	4
8	
9	
10	4

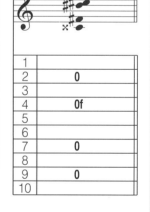

1	
2	
3	
4	0d
5	0a
6	
7	0
8	0d
9	
10	

D#m7b5

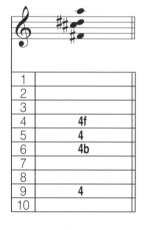

1	
2	
3	
4	4f
5	4
6	4b
7	
8	
9	4
10	

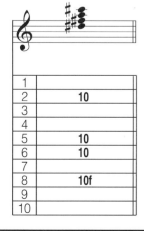

1	
2	10
3	
4	
5	10
6	10
7	
8	10f
9	
10	

D#m(maj7)

1	
2	
3	
4	9f
5	9a
6	9b
7	9
8	
9	
10	

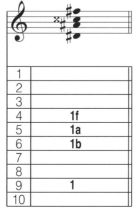

1	
2	
3	
4	1f
5	1a
6	1b
7	
8	
9	1
10	

D#m9

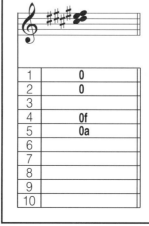

1	
2	
3	
4	
5	4c
6	4b
7	4
8	
9	4
10	4

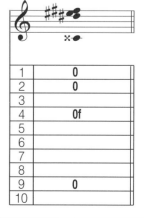

1	0
2	0
3	
4	0f
5	0a
6	
7	
8	
9	
10	

D#m(maj9)

1	
2	0
3	
4	0f
5	
6	
7	0
8	
9	0
10	

1	0
2	0
3	
4	0f
5	
6	
7	
8	
9	0
10	

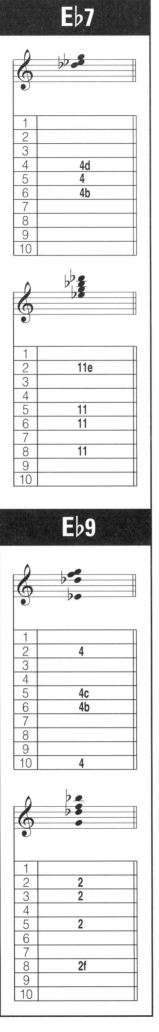
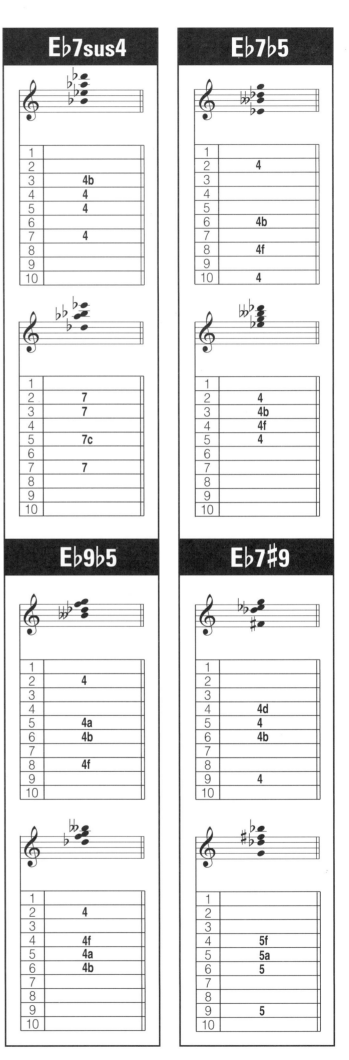

D#m11

#	
1	
2	4e
3	
4	4
5	
6	4b
7	
8	
9	
10	4

#	
1	
2	0
3	0
4	0f
5	0a
6	
7	0
8	
9	
10	

Eb7

#	
1	
2	
3	
4	4d
5	4
6	4b
7	
8	
9	
10	

#	
1	
2	11e
3	
4	
5	11
6	11
7	
8	11
9	
10	

Eb7sus4

#	
1	
2	
3	4b
4	4
5	4
6	
7	4
8	
9	
10	

#	
1	
2	7
3	7
4	
5	7c
6	
7	7
8	
9	
10	

Eb7b5

#	
1	
2	4
3	
4	
5	
6	4b
7	
8	4f
9	
10	4

#	
1	
2	4
3	4b
4	4f
5	4
6	
7	
8	
9	
10	

Eb7#5

#	
1	
2	10
3	
4	
5	
6	10b
7	
8	10f
9	
10	10a

#	
1	
2	10
3	
4	10f
5	10a
6	10b
7	
8	
9	
10	

Eb9

#	
1	
2	4
3	
4	
5	4c
6	4b
7	
8	
9	
10	4

#	
1	
2	2
3	2
4	
5	2
6	
7	
8	2f
9	
10	

Eb9b5

#	
1	
2	4
3	
4	
5	4a
6	4b
7	
8	4f
9	
10	

#	
1	
2	4
3	
4	4f
5	4a
6	4b
7	
8	
9	
10	

Eb7#9

#	
1	
2	
3	
4	4d
5	4
6	4b
7	
8	
9	4
10	

#	
1	
2	
3	
4	5f
5	5a
6	5
7	
8	
9	5
10	

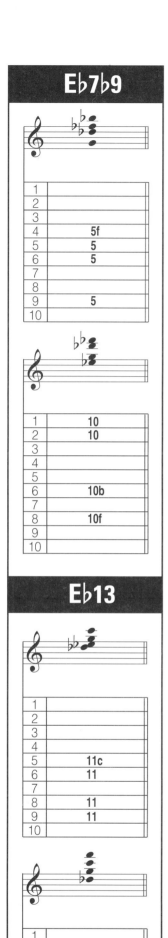
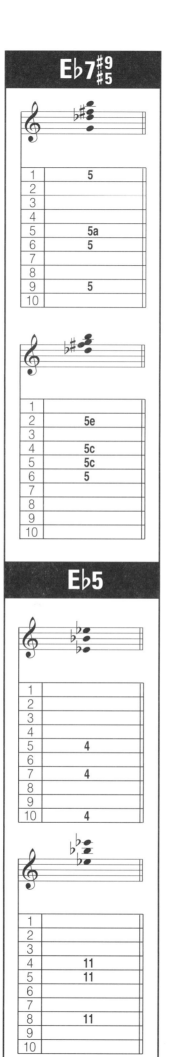

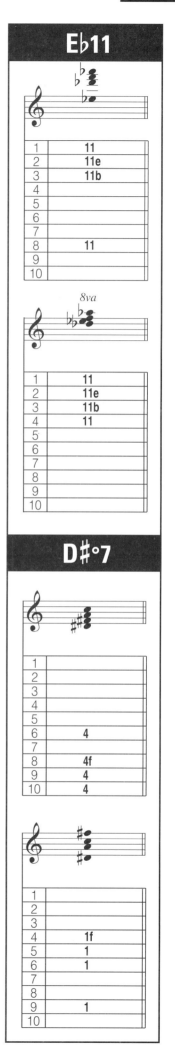

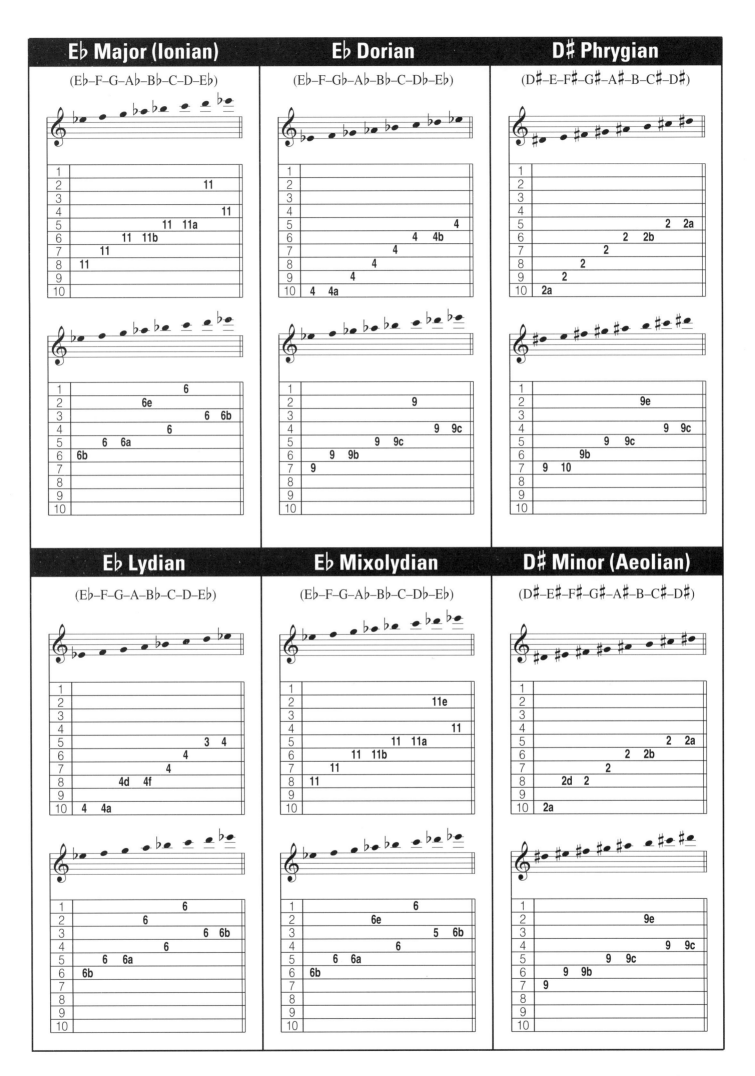

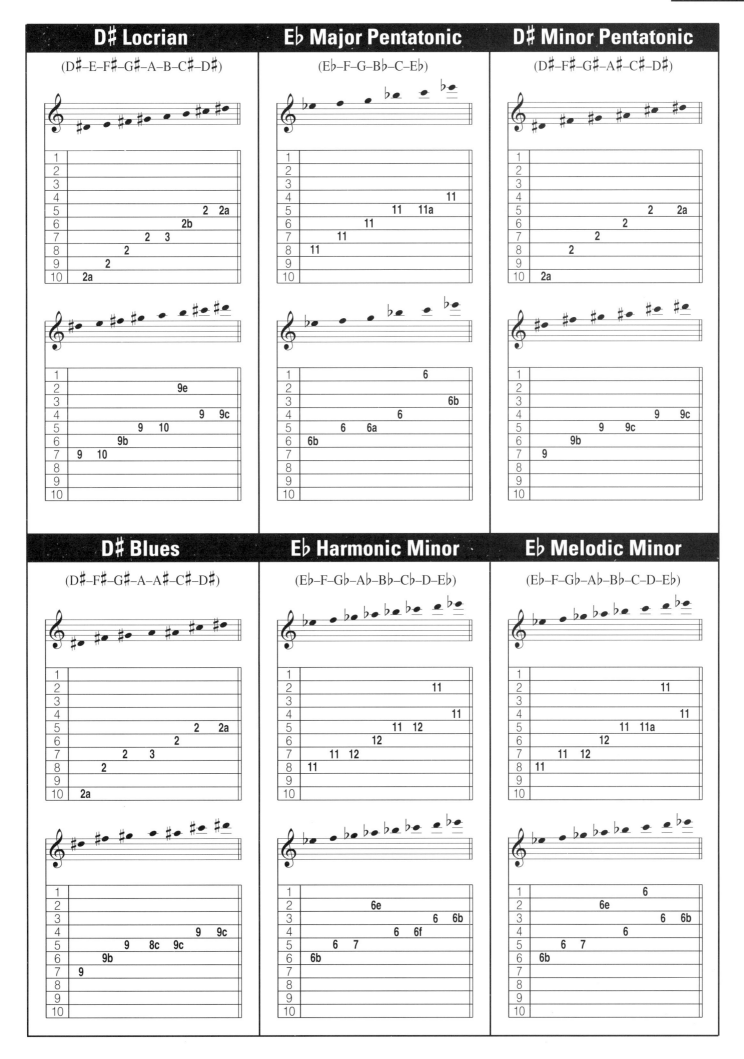

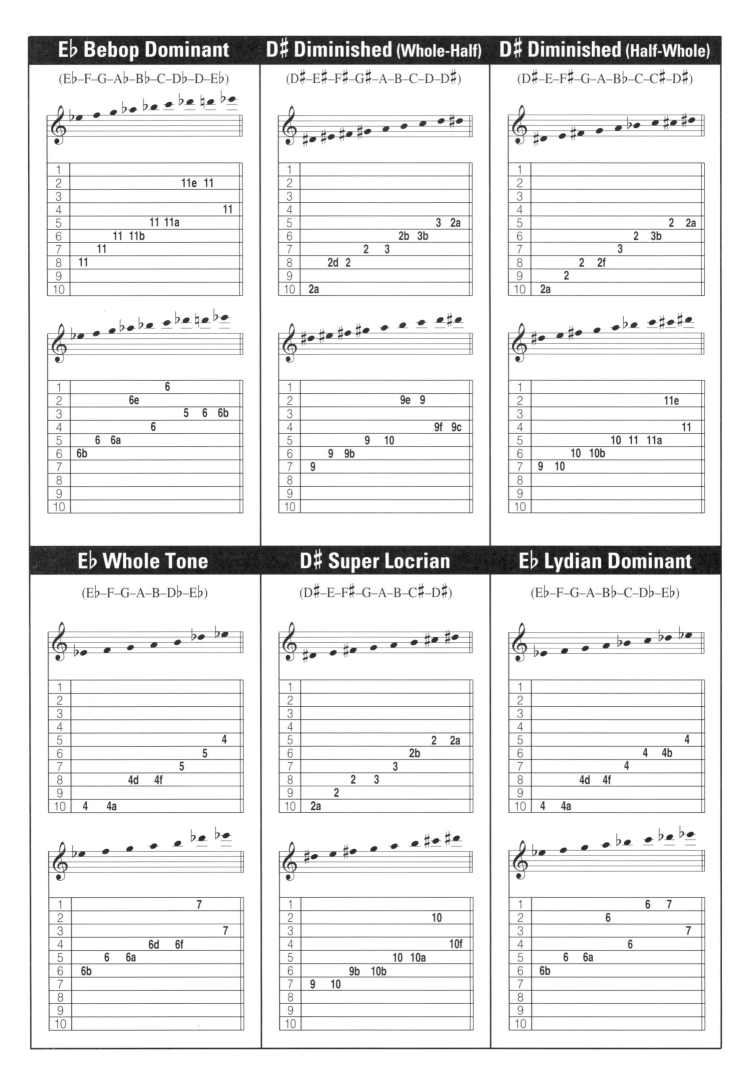

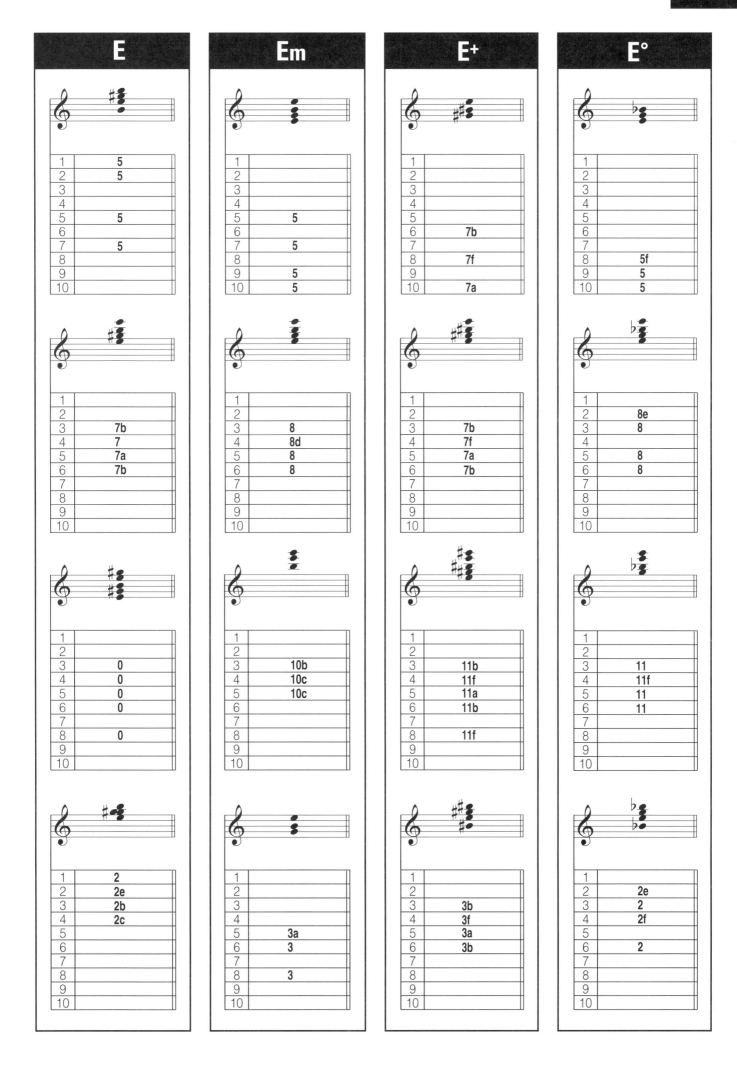

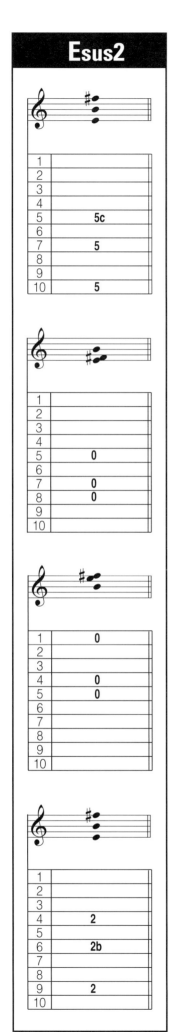
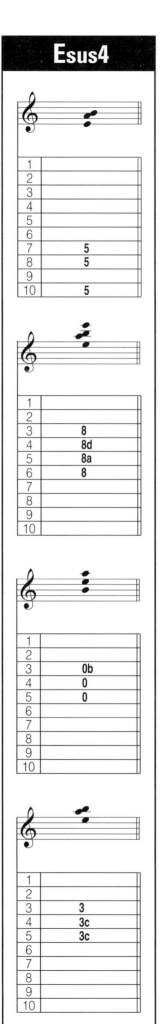
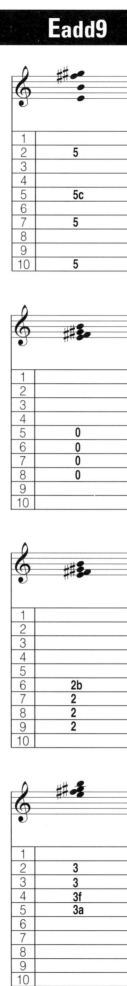
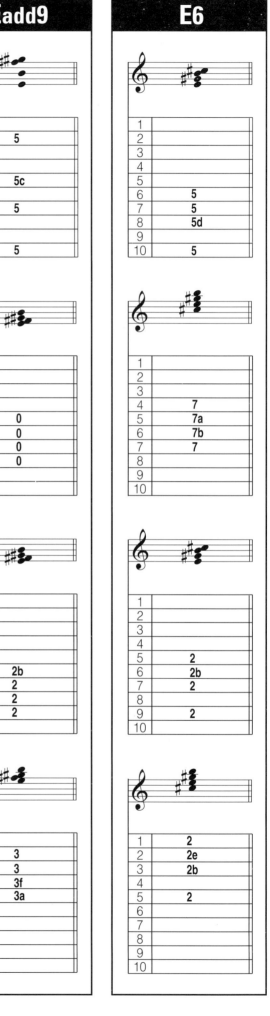

Esus2 | Esus4 | Eadd9 | E6

Esus2 — Diagram 1

Fret	
1	
2	
3	
4	
5	5c
6	
7	5
8	
9	
10	5

Esus2 — Diagram 2

Fret	
1	
2	
3	
4	
5	0
6	
7	0
8	0
9	
10	

Esus2 — Diagram 3

Fret	
1	0
2	
3	
4	0
5	0
6	
7	
8	
9	
10	

Esus2 — Diagram 4

Fret	
1	
2	
3	
4	2
5	
6	2b
7	
8	
9	2
10	

Esus4 — Diagram 1

Fret	
1	
2	
3	
4	
5	
6	
7	5
8	5
9	
10	5

Esus4 — Diagram 2

Fret	
1	
2	
3	8
4	8d
5	8a
6	8
7	
8	
9	
10	

Esus4 — Diagram 3

Fret	
1	
2	
3	0b
4	0
5	0
6	
7	
8	
9	
10	

Esus4 — Diagram 4

Fret	
1	
2	
3	3
4	3c
5	3c
6	
7	
8	
9	
10	

Eadd9 — Diagram 1

Fret	
1	
2	5
3	
4	
5	5c
6	
7	5
8	
9	
10	5

Eadd9 — Diagram 2

Fret	
1	
2	
3	
4	
5	0
6	0
7	0
8	0
9	
10	

Eadd9 — Diagram 3

Fret	
1	
2	
3	
4	
5	
6	2b
7	2
8	2
9	2
10	

Eadd9 — Diagram 4

Fret	
1	
2	3
3	3
4	3f
5	3a
6	
7	
8	
9	
10	

E6 — Diagram 1

Fret	
1	
2	
3	
4	
5	
6	5
7	5
8	5d
9	
10	5

E6 — Diagram 2

Fret	
1	
2	
3	
4	7
5	7a
6	7b
7	7
8	
9	
10	

E6 — Diagram 3

Fret	
1	
2	
3	
4	
5	2
6	2b
7	2
8	
9	2
10	

E6 — Diagram 4

Fret	
1	2
2	2e
3	2b
4	
5	2
6	
7	
8	
9	
10	

E⁶/₉ · Em(add9) · Em6 · Em⁶/₉ (E CHORDS)

E⁶/₉

#	Diag 1	Diag 2	Diag 3	Diag 4
1				2
2	5			2e
3	5		0	2b
4	5c		0	2
5	5c	0a	0a	2
6		0		
7		0	0	
8		0	0	
9				
10	5			

Em(add9)

#	Diag 1	Diag 2	Diag 3	Diag 4
1			1	
2		3	1	3
3		3		
4		3	1f	
5	5c	3c		
6				3
7	5			
8				3
9	5			
10	5			3a

Em6

#	Diag 1	Diag 2	Diag 3	Diag 4
1			10	
2		8	10	
3				2b
4		8f		2f
5		8		2
6	5	8	10b	
7	5		10	
8				
9	5			2
10	5			

Em⁶/₉

#	Diag 1	Diag 2	Diag 3	Diag 4
1				
2				10
3				10
4			5c	
5	5c	5c	5c	
6	5	5	5	10b
7	5			10
8				
9	5	5	5	
10	5	5	5	

Emaj7

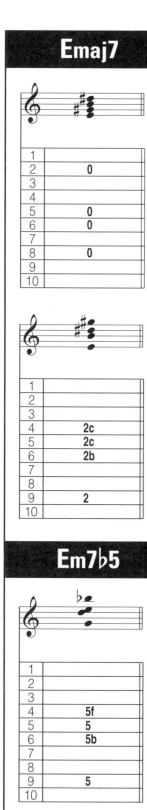

1	
2	0
3	
4	
5	0
6	0
7	
8	0
9	
10	

1	
2	
3	
4	2c
5	2c
6	2b
7	
8	
9	2
10	

Emaj9

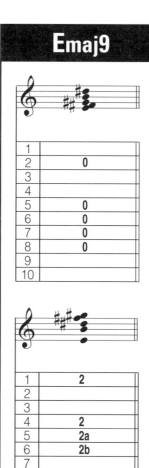

1	
2	0
3	
4	
5	0
6	0
7	0
8	0
9	
10	

1	2
2	
3	
4	2
5	2a
6	2b
7	
8	
9	2
10	

Emaj13

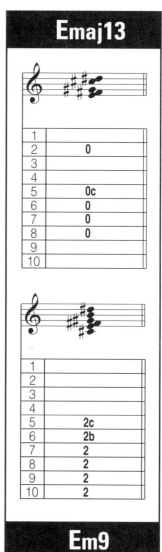

1	
2	0
3	
4	
5	0c
6	0
7	0
8	0
9	
10	

1	
2	
3	
4	
5	2c
6	2b
7	2
8	2
9	2
10	2

Em7

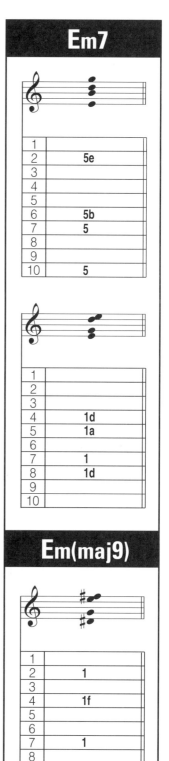

1	
2	5e
3	
4	
5	
6	5b
7	5
8	
9	
10	5

1	
2	
3	
4	1d
5	1a
6	
7	1
8	1d
9	
10	

Em7♭5

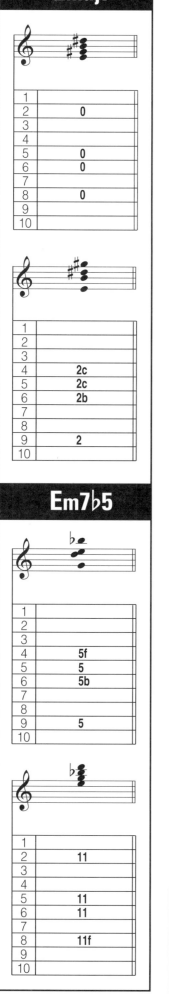

1	
2	
3	
4	5f
5	5
6	5b
7	
8	
9	5
10	

1	
2	11
3	
4	
5	11
6	11
7	
8	11f
9	
10	

Em(maj7)

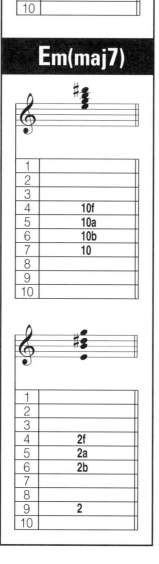

1	
2	
3	
4	10f
5	10a
6	10b
7	10
8	
9	
10	

1	
2	
3	
4	2f
5	2a
6	2b
7	
8	
9	2
10	

Em9

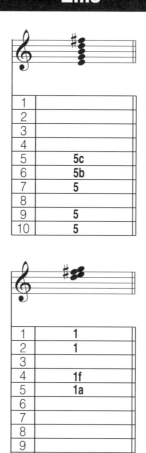

1	
2	
3	
4	
5	5c
6	5b
7	5
8	
9	5
10	5

1	1
2	1
3	
4	1f
5	1a
6	
7	
8	
9	
10	

Em(maj9)

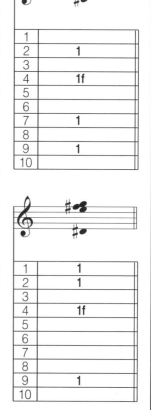

1	
2	1
3	
4	1f
5	
6	
7	1
8	
9	1
10	

1	1
2	1
3	
4	1f
5	
6	
7	
8	
9	1
10	

Em11

1	
2	5e
3	
4	5
5	
6	5b
7	
8	
9	
10	5

1	
2	1
3	1
4	1f
5	1a
6	
7	1
8	
9	
10	

E7

1	
2	
3	
4	5d
5	5
6	5b
7	
8	
9	
10	

1	
2	0e
3	
4	
5	0
6	0
7	
8	0
9	
10	

E7sus4

1	
2	
3	5b
4	5
5	
6	5
7	5
8	
9	
10	

1	
2	8
3	8
4	
5	8c
6	
7	8
8	
9	
10	

E7♭5

1	
2	5
3	
4	
5	
6	5b
7	
8	5f
9	
10	5

1	
2	5
3	5b
4	5f
5	5
6	
7	
8	
9	
10	

E7♯5

1	
2	11
3	
4	
5	
6	11b
7	
8	11f
9	
10	11a

1	
2	11
3	
4	11f
5	11a
6	11b
7	
8	
9	
10	

E9

1	
2	5
3	
4	
5	5c
6	5b
7	
8	
9	
10	5

1	
2	3
3	3
4	
5	3
6	
7	
8	3f
9	
10	

E9♭5

1	
2	5
3	
4	
5	5a
6	5b
7	
8	5f
9	
10	

1	
2	5
3	
4	5f
5	5a
6	5b
7	
8	
9	
10	

E7♯9

1	
2	
3	
4	5d
5	5
6	5b
7	
8	
9	5
10	

1	
2	
3	
4	6f
5	6a
6	6
7	
8	
9	6
10	

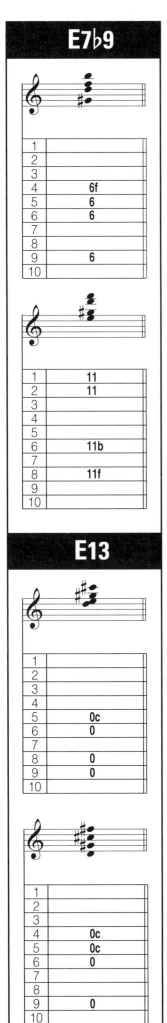

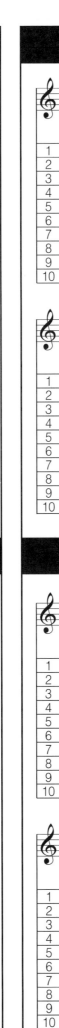

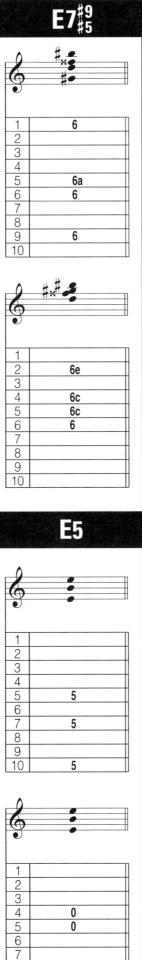

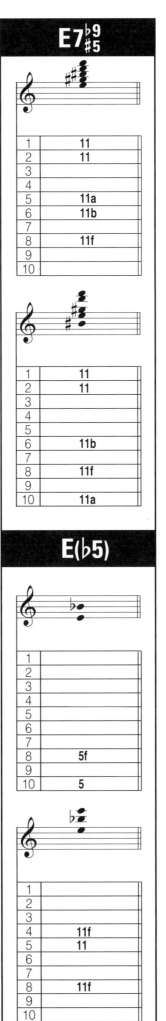

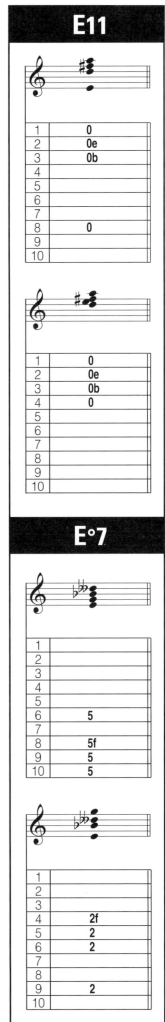

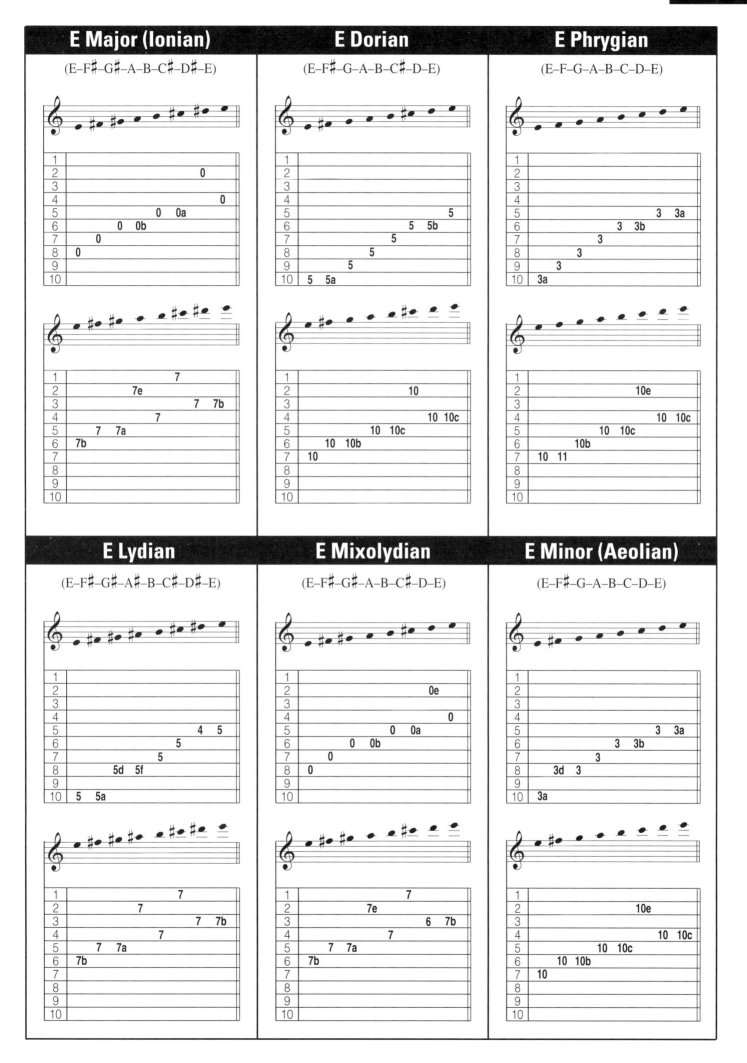

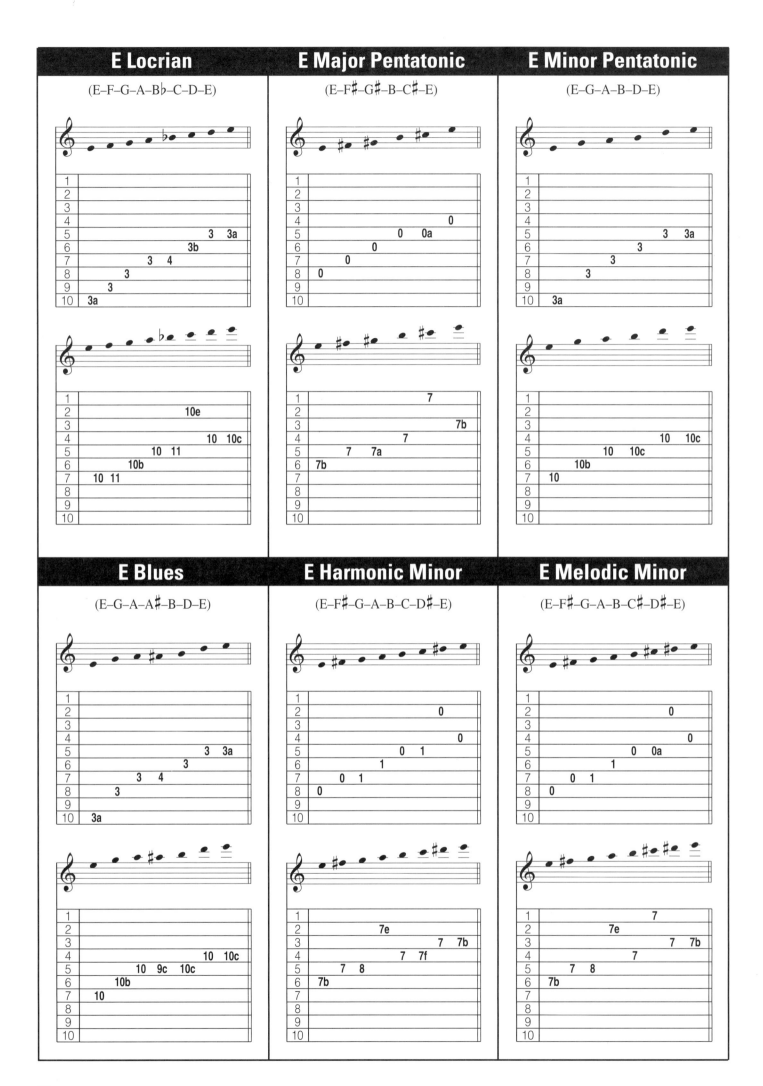

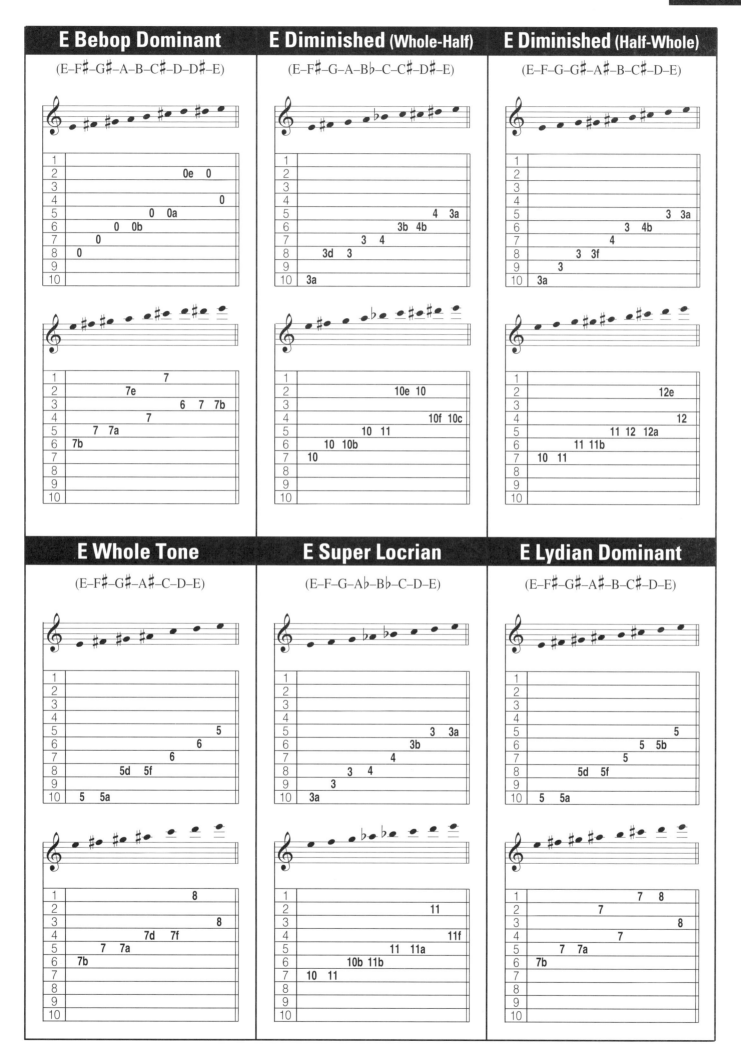

E Bebop Dominant
(E–F#–G#–A–B–C#–D–D#–E)

E Diminished (Whole-Half)
(E–F#–G–A–B♭–C–C#–D#–E)

E Diminished (Half-Whole)
(E–F–G–G#–A#–B–C#–D–E)

E Whole Tone
(E–F#–G#–A#–C–D–E)

E Super Locrian
(E–F–G–A♭–B♭–C–D–E)

E Lydian Dominant
(E–F#–G#–A#–B–C#–D–E)

F

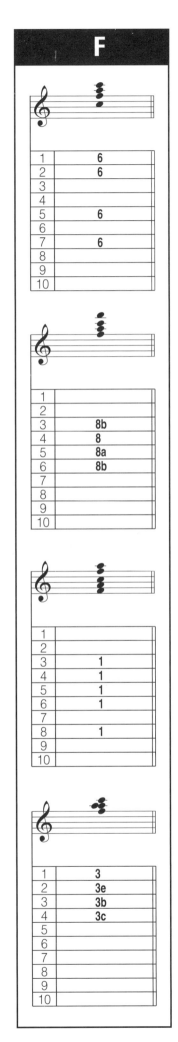

Fm

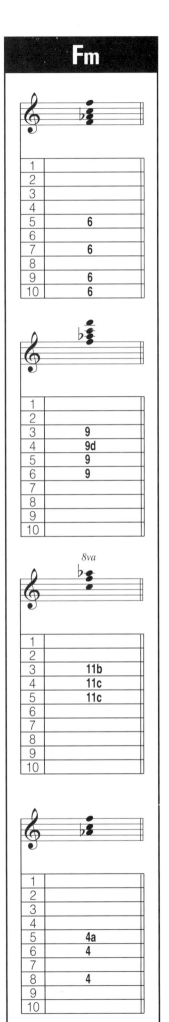

F+

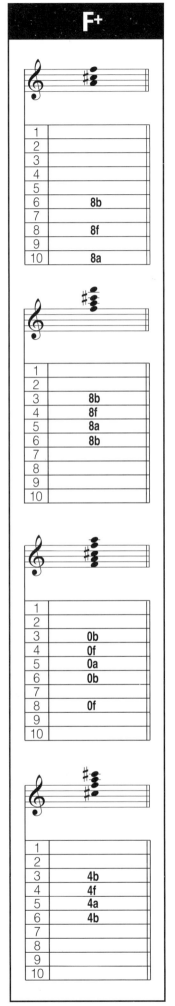

F°

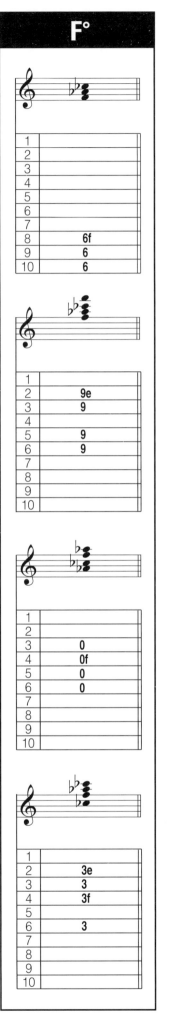

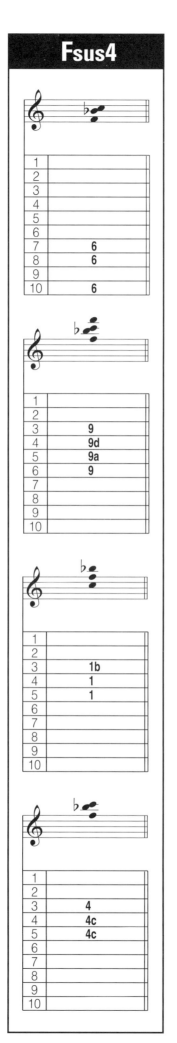

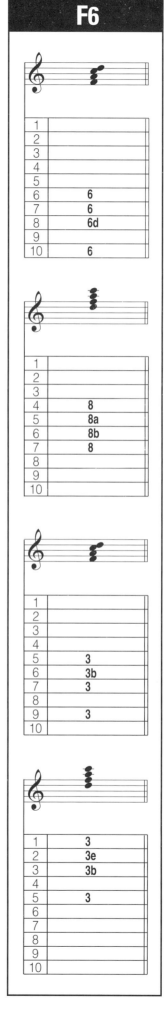

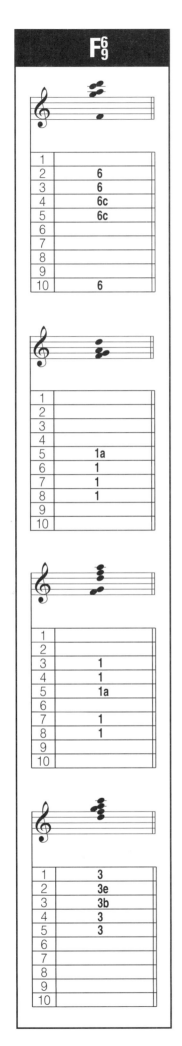  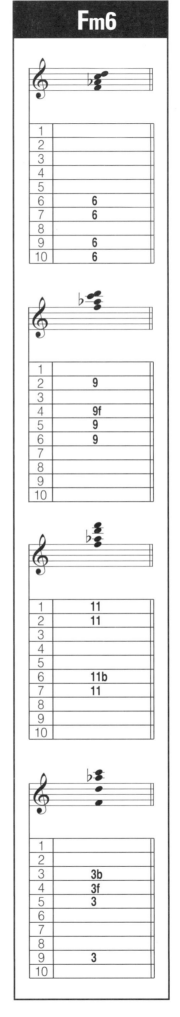 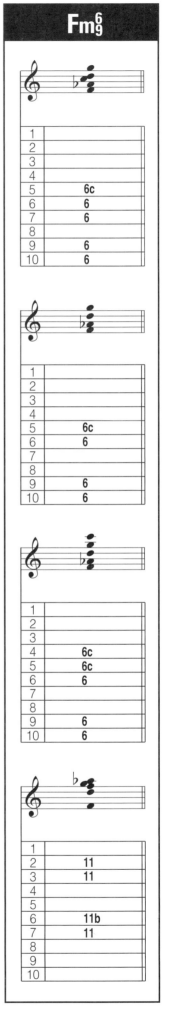

Fmaj7

#	
1	
2	1
3	
4	
5	1
6	1
7	
8	1
9	
10	

#	
1	
2	
3	
4	3c
5	3c
6	3b
7	
8	
9	3
10	

Fmaj9

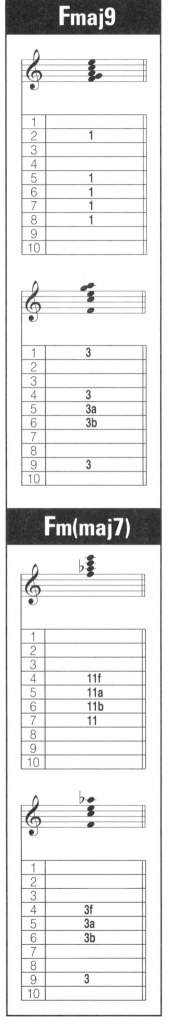

#	
1	
2	1
3	
4	
5	1
6	1
7	1
8	1
9	
10	

#	
1	3
2	
3	
4	3
5	3a
6	3b
7	
8	
9	3
10	

Fmaj13

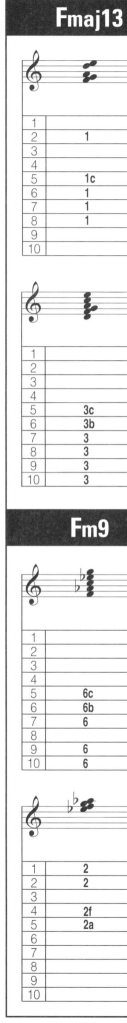

#	
1	
2	1
3	
4	
5	1c
6	1
7	1
8	1
9	
10	

#	
1	
2	
3	
4	
5	3c
6	3b
7	3
8	3
9	3
10	3

Fm7

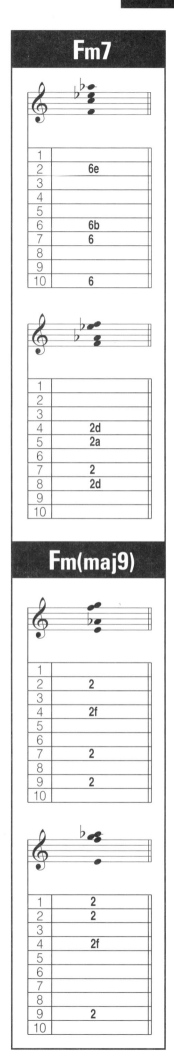

#	
1	
2	6e
3	
4	
5	
6	6b
7	6
8	
9	
10	6

#	
1	
2	
3	
4	2d
5	2a
6	
7	2
8	2d
9	
10	

Fm7♭5

#	
1	
2	
3	
4	6f
5	6
6	6b
7	
8	
9	6
10	

#	
1	
2	0
3	
4	
5	0
6	0
7	
8	0f
9	
10	

Fm(maj7)

#	
1	
2	
3	
4	11f
5	11a
6	11b
7	11
8	
9	
10	

#	
1	
2	
3	
4	3f
5	3a
6	3b
7	
8	
9	3
10	

Fm9

#	
1	
2	
3	
4	
5	6c
6	6b
7	6
8	
9	6
10	6

#	
1	2
2	2
3	
4	2f
5	2a
6	
7	
8	
9	
10	

Fm(maj9)

#	
1	
2	2
3	
4	2f
5	
6	
7	2
8	
9	2
10	

#	
1	2
2	2
3	
4	2f
5	
6	
7	
8	
9	2
10	

Fm11

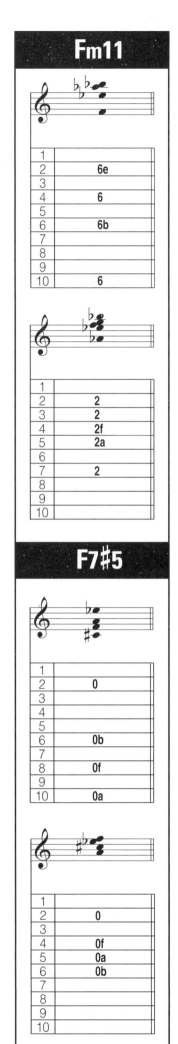

1	
2	6e
3	
4	6
5	
6	6b
7	
8	
9	
10	6

1	
2	2
3	2
4	2f
5	2a
6	
7	2
8	
9	
10	

F7

1	
2	
3	
4	6d
5	6
6	6b
7	
8	
9	
10	

1	
2	1e
3	
4	
5	1
6	1
7	
8	1
9	
10	

F7sus4

1	
2	
3	6b
4	6
5	
6	6
7	6
8	
9	
10	

1	
2	9
3	9
4	
5	9c
6	
7	9
8	
9	
10	

F7♭5

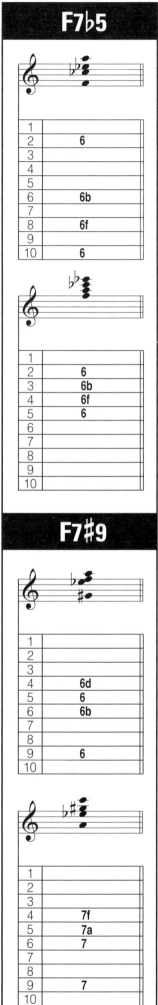

1	
2	6
3	
4	
5	
6	6b
7	
8	6f
9	
10	6

1	
2	6
3	6b
4	6f
5	6
6	
7	
8	
9	
10	

F7♯5

1	
2	0
3	
4	
5	
6	0b
7	
8	0f
9	
10	0a

1	
2	0
3	
4	0f
5	0a
6	0b
7	
8	
9	
10	

F9

1	
2	6
3	
4	
5	6c
6	6b
7	
8	
9	
10	6

1	
2	4
3	4
4	
5	4
6	
7	
8	4f
9	
10	

F9♭5

1	
2	6
3	
4	
5	6a
6	6b
7	
8	6f
9	
10	

1	
2	6
3	
4	6f
5	6a
6	6b
7	
8	
9	
10	

F7♯9

1	
2	
3	
4	6d
5	6
6	6b
7	
8	
9	6
10	

1	
2	
3	
4	7f
5	7a
6	7
7	
8	
9	7
10	

F7♭9

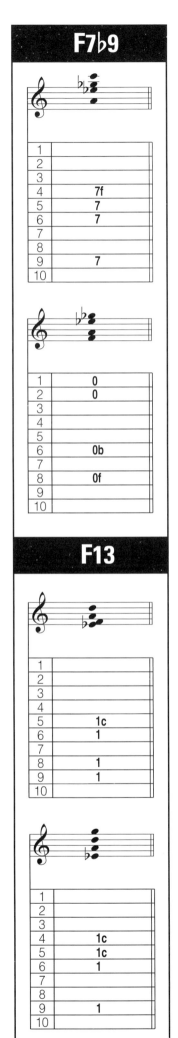

#	
1	
2	
3	
4	7f
5	7
6	7
7	
8	
9	7
10	

#	
1	0
2	0
3	
4	
5	
6	0b
7	
8	0f
9	
10	

F7♯9♯5

#	
1	7
2	
3	
4	
5	7a
6	7
7	
8	
9	7
10	

#	
1	
2	7e
3	
4	7c
5	7c
6	7
7	
8	
9	
10	

F7♭9♯5

#	
1	0
2	0
3	
4	
5	0a
6	0b
7	
8	0f
9	
10	

#	
1	0
2	0
3	
4	
5	
6	0b
7	
8	0f
9	
10	0a

F11

#	
1	1
2	1e
3	1b
4	
5	
6	
7	
8	1
9	
10	

#	
1	1
2	1e
3	1b
4	1
5	
6	
7	
8	
9	
10	

F13

#	
1	
2	
3	
4	
5	1c
6	1
7	
8	1
9	1
10	

#	
1	
2	
3	
4	1c
5	1c
6	1
7	
8	
9	1
10	

F5

#	
1	
2	
3	
4	
5	6
6	
7	6
8	
9	
10	6

#	
1	
2	
3	
4	1
5	1
6	
7	
8	1
9	
10	

F(♭5)

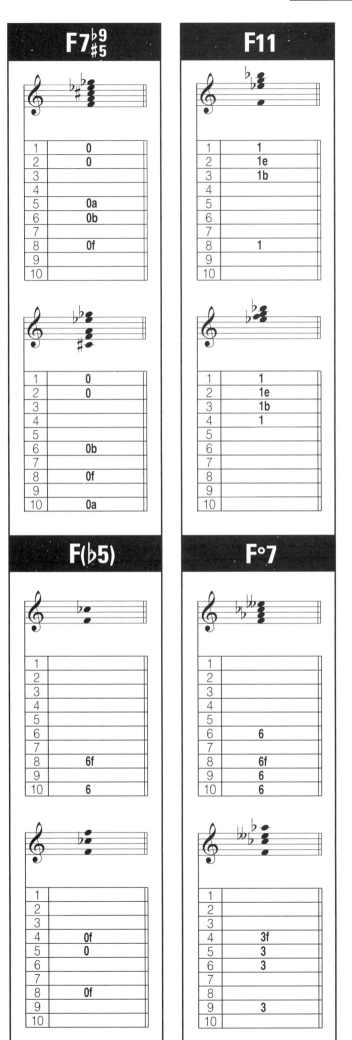

#	
1	
2	
3	
4	
5	
6	
7	
8	6f
9	
10	6

#	
1	
2	
3	
4	0f
5	0
6	
7	
8	0f
9	
10	

F°7

#	
1	
2	
3	
4	
5	
6	6
7	
8	6f
9	6
10	6

#	
1	
2	
3	
4	3f
5	3
6	3
7	
8	
9	3
10	

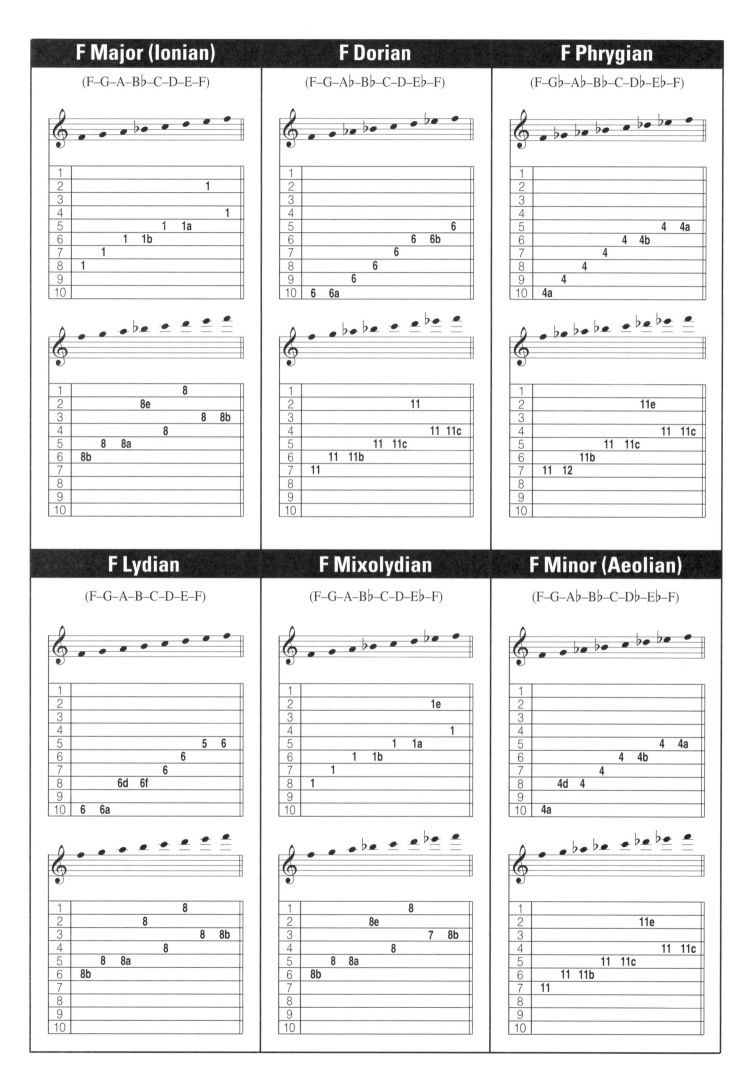

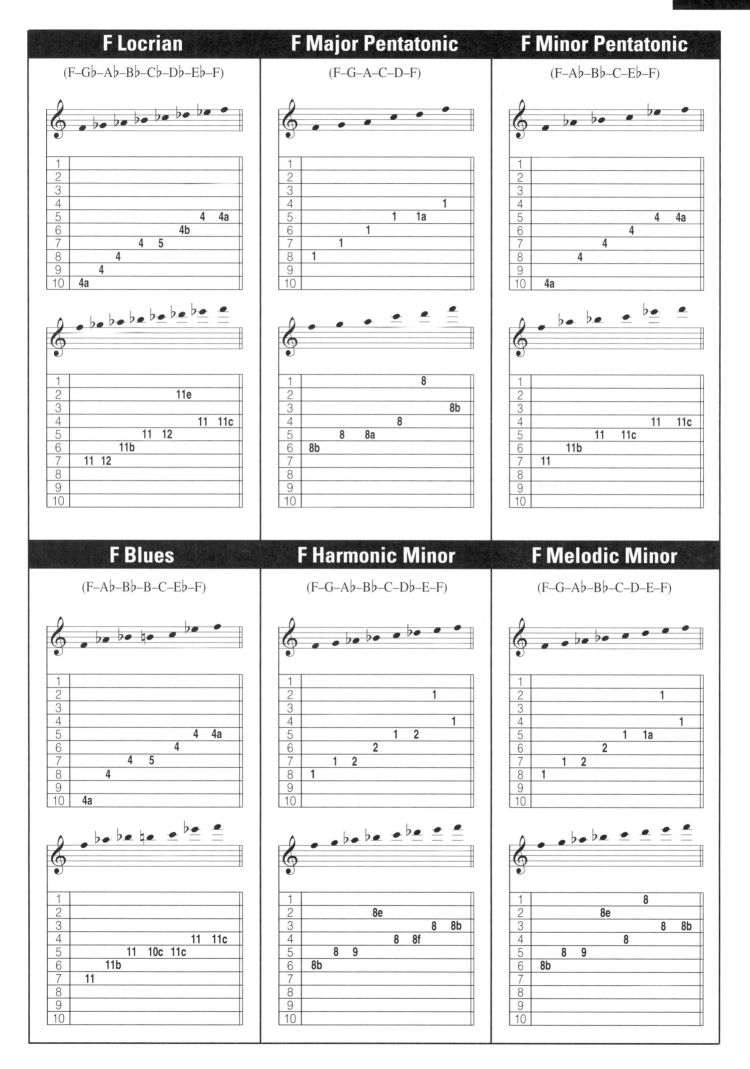

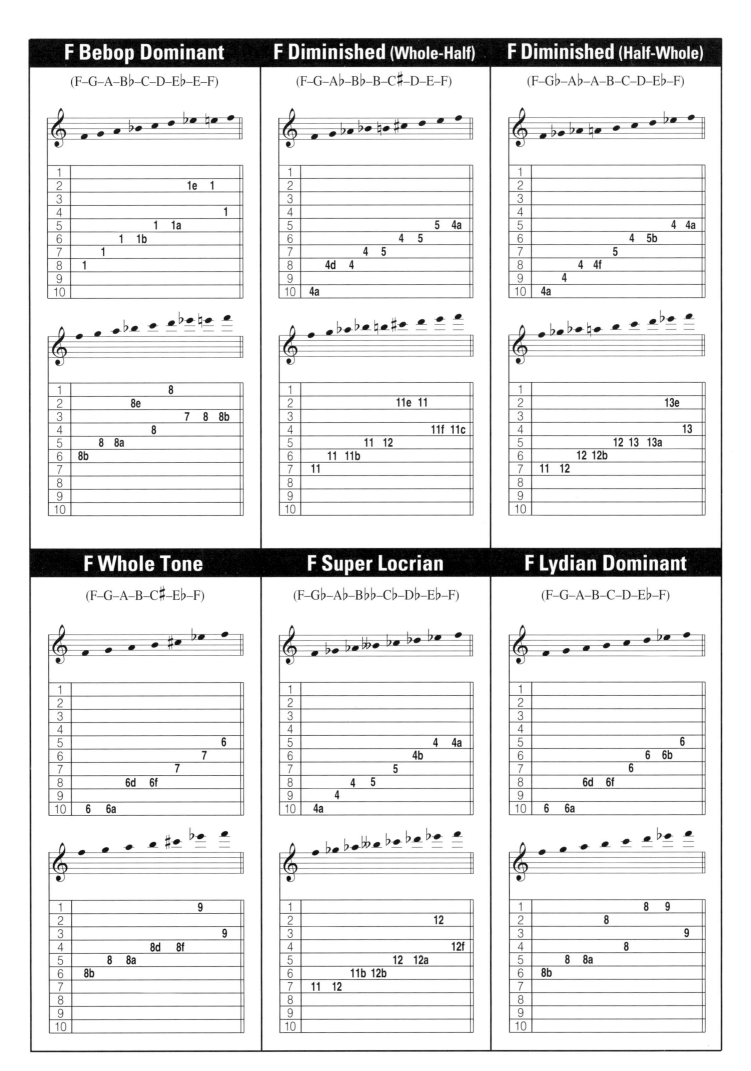

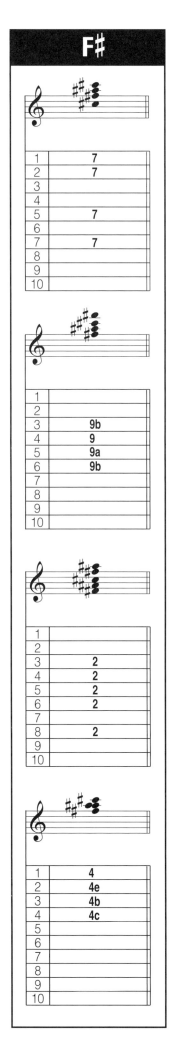
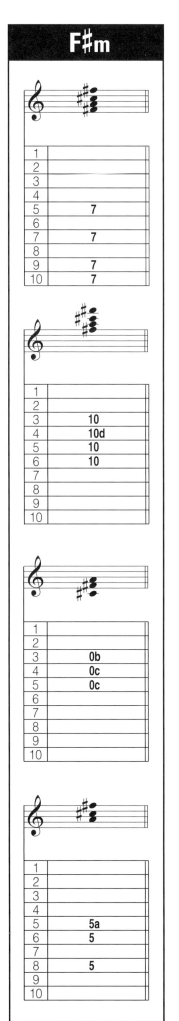
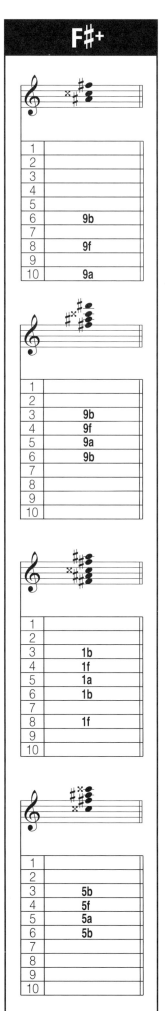
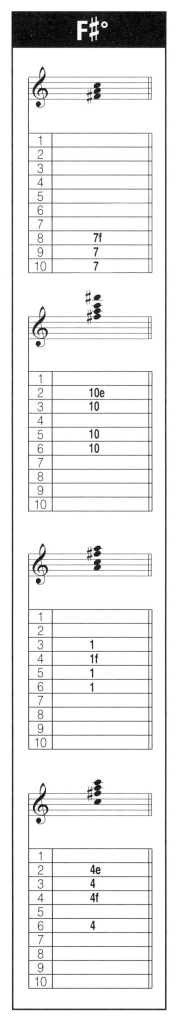

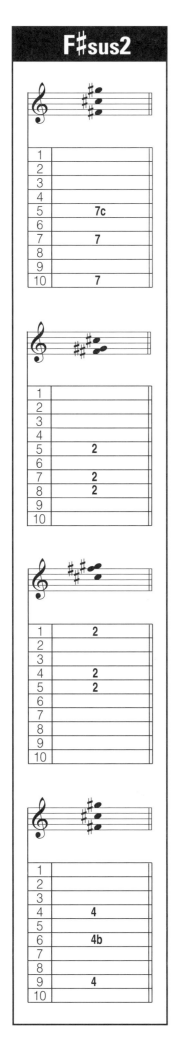

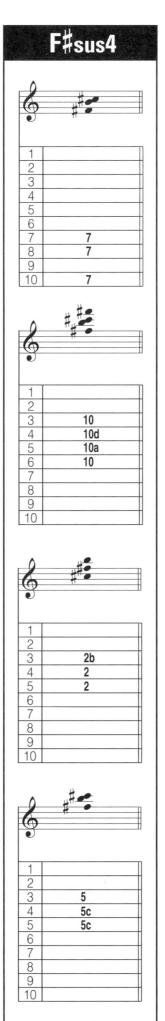

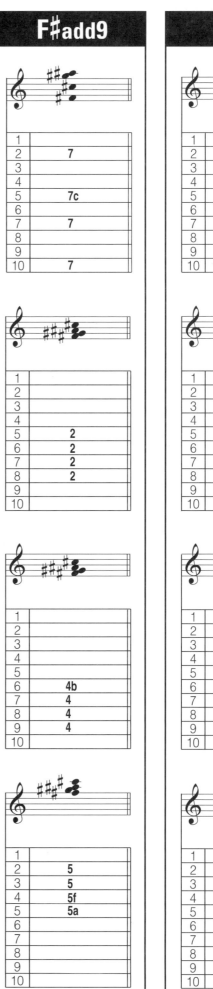

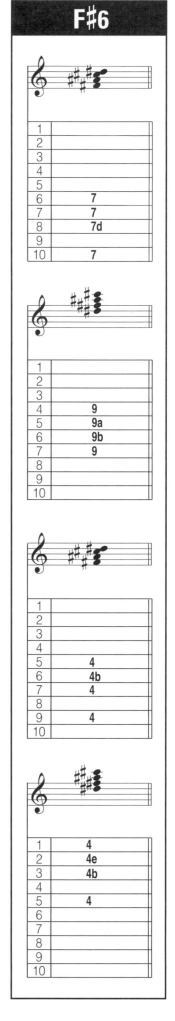

F#6/9

#	
1	
2	7
3	7
4	7c
5	7c
6	
7	
8	
9	
10	7

#	
1	
2	
3	
4	
5	2a
6	2
7	2
8	2
9	
10	

#	
1	
2	
3	2
4	2
5	2a
6	
7	2
8	2
9	
10	

#	
1	4
2	4e
3	4b
4	4
5	4
6	
7	
8	
9	
10	

F#m(add9)

#	
1	
2	
3	
4	
5	7c
6	
7	7
8	
9	7
10	7

#	
1	
2	5
3	5
4	5
5	5c
6	
7	
8	
9	
10	

#	
1	3
2	3
3	
4	3f
5	
6	
7	
8	
9	
10	

#	
1	
2	5
3	
4	
5	
6	5
7	
8	5
9	
10	5a

F#m6

#	
1	
2	
3	
4	
5	
6	7
7	7
8	
9	7
10	7

#	
1	
2	10
3	
4	10f
5	10
6	10
7	
8	
9	
10	

#	
1	0
2	0
3	
4	
5	
6	0b
7	0
8	
9	
10	

#	
1	
2	
3	4b
4	4f
5	4
6	
7	
8	
9	4
10	

F#m6/9

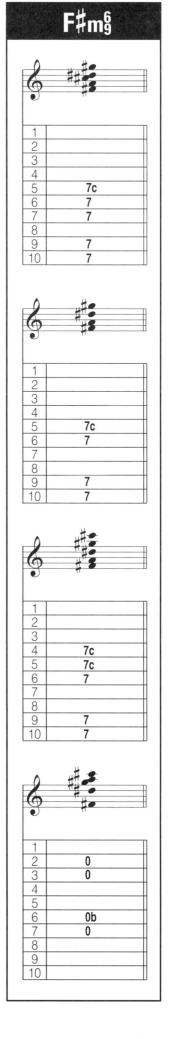
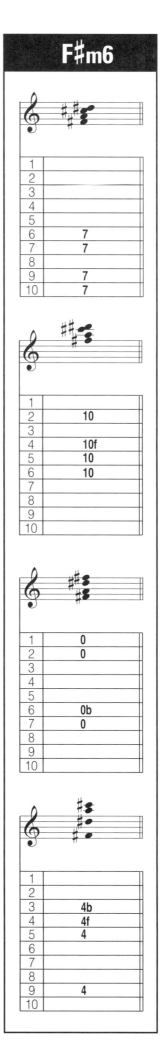

#	
1	
2	
3	
4	
5	7c
6	7
7	7
8	
9	7
10	7

#	
1	
2	
3	
4	
5	7c
6	7
7	
8	
9	7
10	7

#	
1	
2	
3	
4	7c
5	7c
6	7
7	
8	
9	7
10	7

#	
1	
2	0
3	0
4	
5	
6	0b
7	0
8	
9	
10	

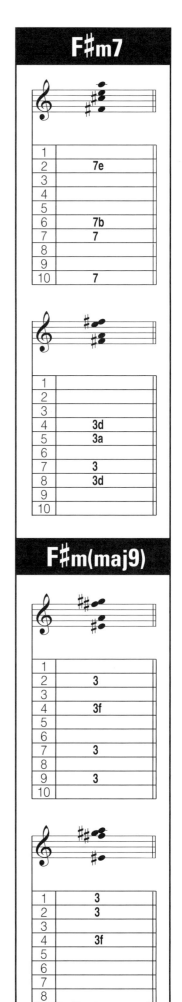
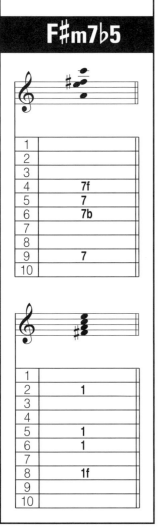
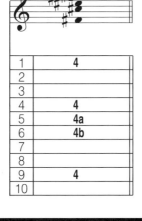
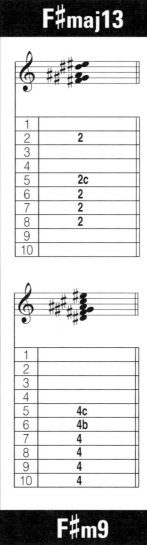
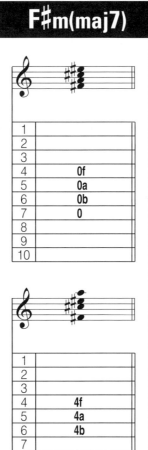
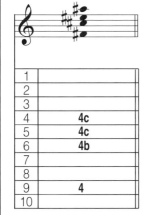
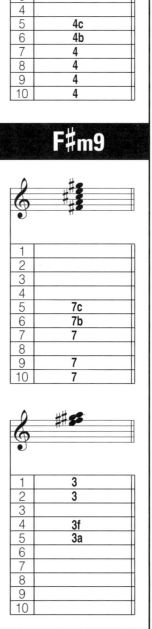

F#maj7

#	
1	
2	2
3	
4	
5	2
6	2
7	
8	2
9	
10	

#	
1	
2	
3	
4	4c
5	4c
6	4b
7	
8	
9	4
10	

F#maj9

#	
1	
2	2
3	
4	
5	2
6	2
7	2
8	2
9	
10	

#	
1	4
2	
3	
4	4
5	4a
6	4b
7	
8	
9	4
10	

F#maj13

#	
1	
2	2
3	
4	
5	2c
6	2
7	2
8	2
9	
10	

#	
1	
2	
3	
4	
5	4c
6	4b
7	4
8	4
9	4
10	4

F#m7

#	
1	
2	7e
3	
4	
5	
6	7b
7	7
8	
9	
10	7

#	
1	
2	
3	
4	3d
5	3a
6	
7	3
8	3d
9	
10	

F#m7♭5

#	
1	
2	
3	
4	7f
5	7
6	7b
7	
8	
9	7
10	

#	
1	
2	1
3	
4	
5	1
6	1
7	
8	1f
9	
10	

F#m(maj7)

#	
1	
2	
3	
4	0f
5	0a
6	0b
7	0
8	
9	
10	

#	
1	
2	
3	
4	4f
5	4a
6	4b
7	
8	
9	4
10	

F#m9

#	
1	
2	
3	
4	
5	7c
6	7b
7	7
8	
9	7
10	7

#	
1	3
2	3
3	
4	3f
5	3a
6	
7	
8	
9	
10	

F#m(maj9)

#	
1	
2	3
3	
4	3f
5	
6	
7	3
8	
9	3
10	

#	
1	3
2	3
3	
4	3f
5	
6	
7	
8	
9	3
10	

F#m11

1	
2	7e
3	
4	7
5	
6	7b
7	
8	
9	
10	7

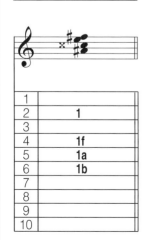 (upper staff)

1	
2	3
3	3
4	3f
5	3a
6	
7	3
8	
9	
10	

F#7

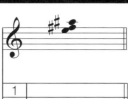

1	
2	
3	
4	7d
5	7
6	7b
7	
8	
9	
10	

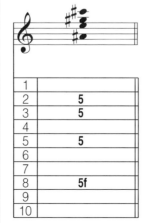 (upper staff)

1	
2	2e
3	
4	
5	2
6	2
7	
8	2
9	
10	

F#7sus4

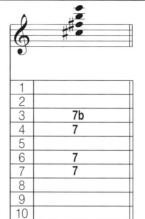

1	
2	
3	7b
4	7
5	
6	7
7	7
8	
9	
10	

1	
2	10
3	10
4	
5	10c
6	
7	10
8	
9	
10	

F#7b5

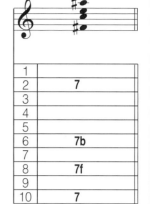

1	
2	7
3	
4	
5	
6	7b
7	
8	7f
9	
10	7

1	
2	7
3	7b
4	7f
5	7
6	
7	
8	
9	
10	

F#7#5

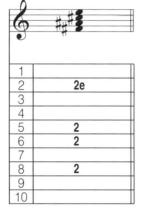

1	
2	1
3	
4	
5	
6	1b
7	
8	1f
9	
10	1a

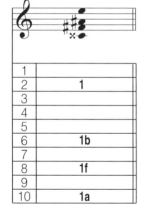 (lower staff)

1	
2	1
3	
4	1f
5	1a
6	1b
7	
8	
9	
10	

F#9

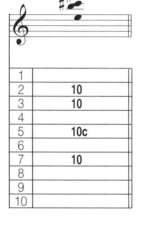

1	
2	7
3	
4	
5	7c
6	7b
7	
8	
9	
10	7

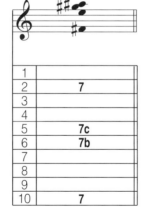 (lower staff)

1	
2	5
3	5
4	
5	5
6	
7	
8	5f
9	
10	

F#9b5

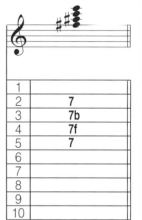

1	
2	7
3	
4	
5	7a
6	7b
7	
8	7f
9	
10	

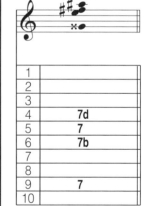 (lower staff)

1	
2	7
3	
4	7f
5	7a
6	7b
7	
8	
9	
10	

F#7#9

1	
2	
3	
4	7d
5	7
6	7b
7	
8	
9	7
10	

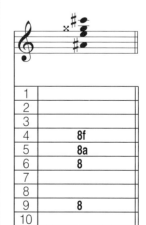 (lower staff)

1	
2	
3	
4	8f
5	8a
6	8
7	
8	
9	8
10	

F#7♭9

#	
1	
2	
3	
4	8f
5	8
6	8
7	
8	
9	8
10	

#	
1	1
2	1
3	
4	
5	
6	1b
7	
8	1f
9	
10	

F#7#9#5

#	
1	8
2	
3	
4	
5	8a
6	8
7	
8	
9	8
10	

#	
1	
2	8e
3	
4	8c
5	8c
6	8
7	
8	
9	
10	

F#7♭9#5

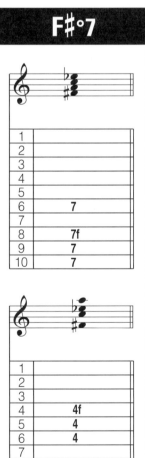

#	
1	1
2	1
3	
4	
5	1a
6	1b
7	
8	1f
9	
10	

#	
1	1
2	1
3	
4	
5	
6	1b
7	
8	1f
9	
10	1a

F#11

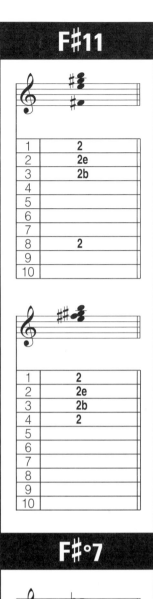

#	
1	2
2	2e
3	2b
4	
5	
6	
7	
8	2
9	
10	

#	
1	2
2	2e
3	2b
4	2
5	
6	
7	
8	
9	
10	

F#13

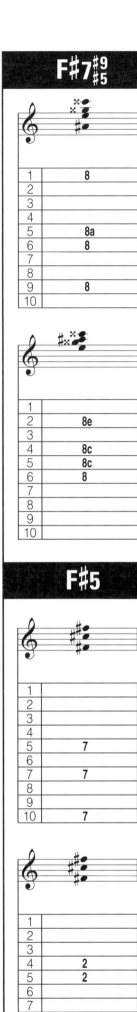

#	
1	
2	
3	
4	
5	2c
6	2
7	
8	2
9	2
10	

#	
1	
2	
3	
4	2c
5	2c
6	2
7	
8	
9	2
10	

F#5

#	
1	
2	
3	
4	
5	7
6	
7	7
8	
9	
10	7

#	
1	
2	
3	
4	2
5	2
6	
7	
8	2
9	
10	

F#(♭5)

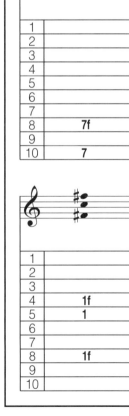

#	
1	
2	
3	
4	
5	
6	
7	
8	7f
9	
10	7

#	
1	
2	
3	
4	1f
5	1
6	
7	
8	1f
9	
10	

F#°7

#	
1	
2	
3	
4	
5	
6	7
7	
8	7f
9	7
10	7

#	
1	
2	
3	
4	4f
5	4
6	4
7	
8	
9	4
10	

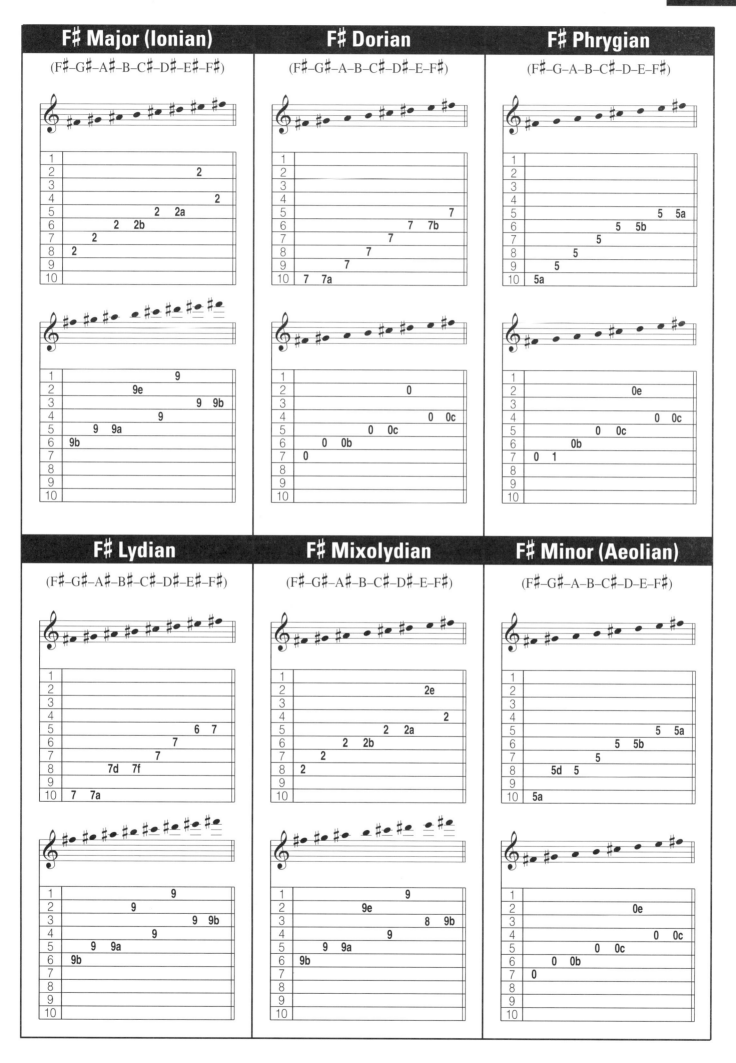

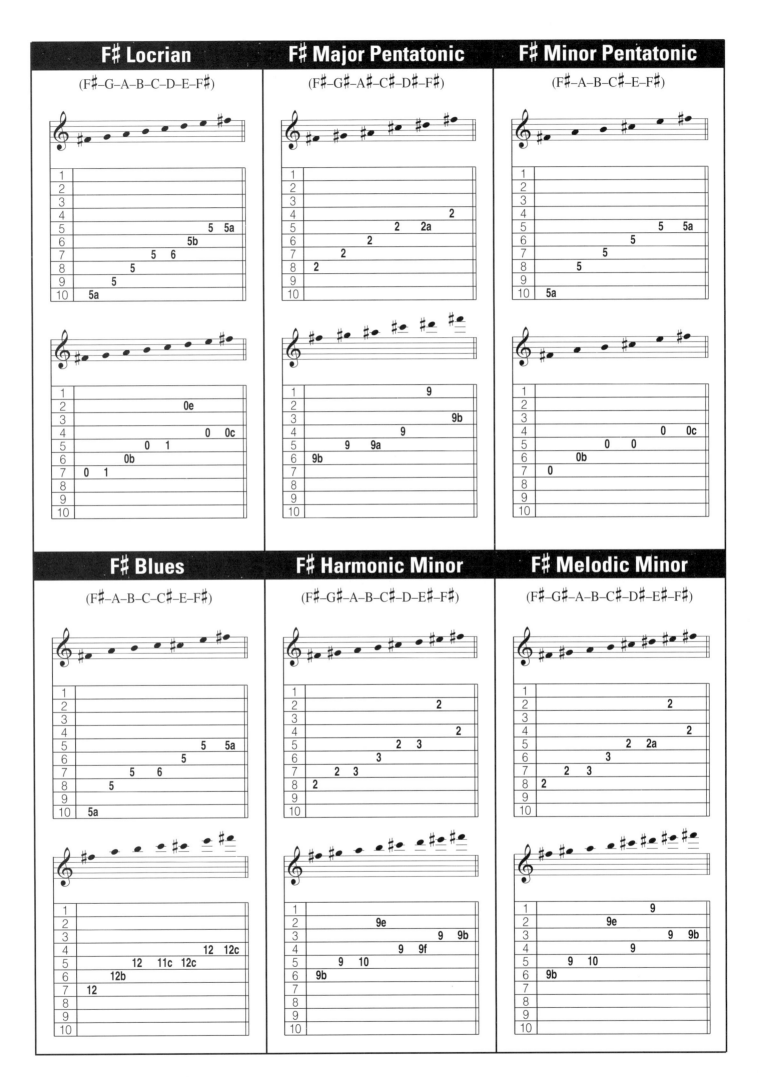

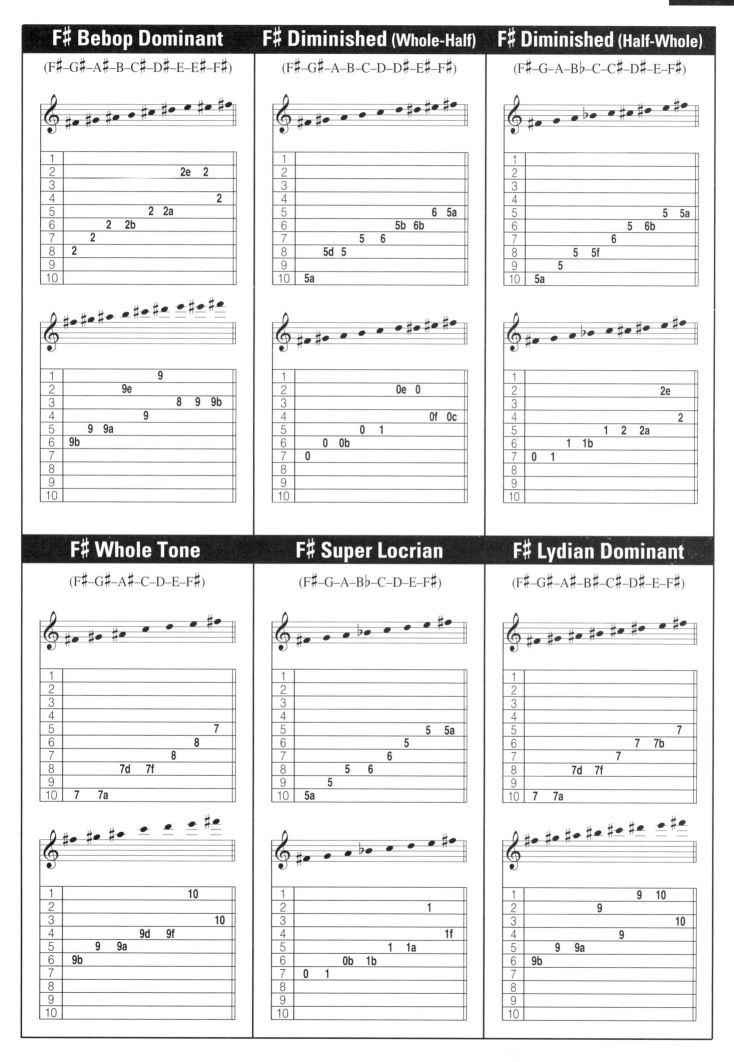

F# Bebop Dominant

(F#–G#–A#–B–C#–D#–E–E#–F#)

F# Diminished (Whole-Half)

(F#–G#–A–B–C–D–D#–E#–F#)

F# Diminished (Half-Whole)

(F#–G–A–Bb–C–C#–D#–E–F#)

F# Whole Tone

(F#–G#–A#–C–D–E–F#)

F# Super Locrian

(F#–G–A–Bb–C–D–E–F#)

F# Lydian Dominant

(F#–G#–A#–B#–C#–D#–E–F#)

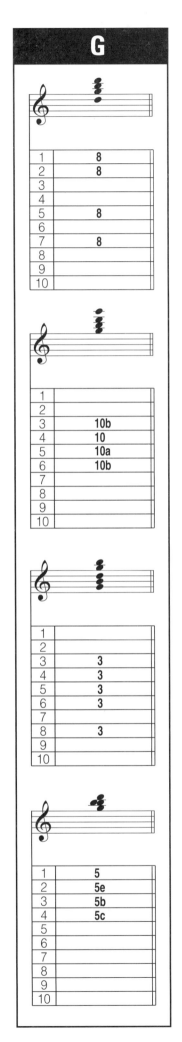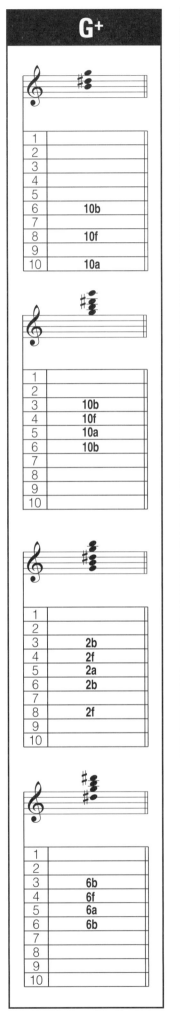

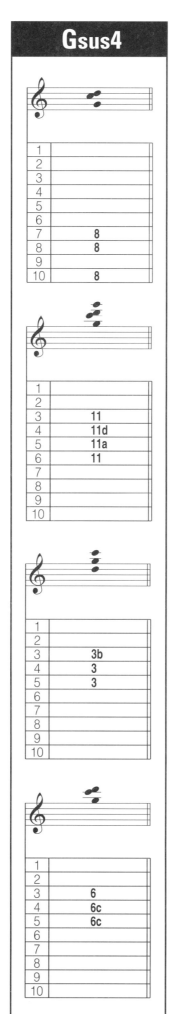

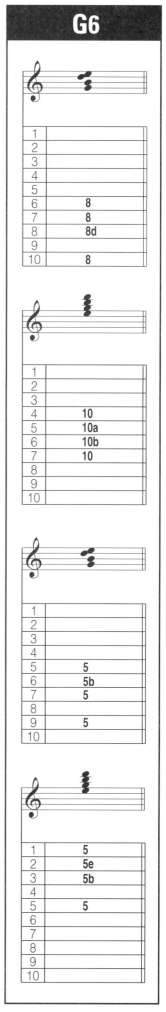

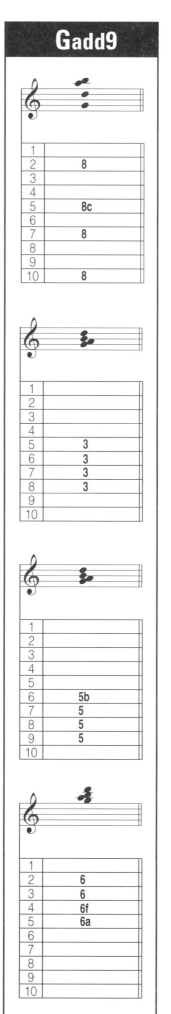

Gsus2

1	
2	
3	
4	
5	8c
6	
7	8
8	
9	
10	8

1	
2	
3	
4	
5	3
6	
7	3
8	3
9	
10	

1	3
2	
3	3
4	3
5	
6	
7	
8	
9	
10	

1	
2	
3	
4	5
5	
6	5b
7	
8	
9	5
10	

Gsus4

1	
2	
3	
4	
5	
6	
7	8
8	8
9	
10	8

1	
2	
3	11
4	11d
5	11a
6	11
7	
8	
9	
10	

1	
2	
3	3b
4	3
5	3
6	
7	
8	
9	
10	

1	
2	
3	6
4	6c
5	6c
6	
7	
8	
9	
10	

Gadd9

1	
2	8
3	
4	
5	8c
6	
7	8
8	
9	
10	8

1	
2	
3	
4	
5	3
6	3
7	3
8	3
9	
10	

1	
2	
3	
4	
5	
6	5b
7	5
8	5
9	5
10	

1	
2	6
3	6
4	6f
5	6a
6	
7	
8	
9	
10	

G6

1	
2	
3	
4	
5	
6	8
7	8
8	8d
9	
10	8

1	
2	
3	
4	10
5	10a
6	10b
7	10
8	
9	
10	

1	
2	
3	
4	
5	5
6	5b
7	5
8	
9	5
10	

1	5
2	5e
3	5b
4	
5	5
6	
7	
8	
9	
10	

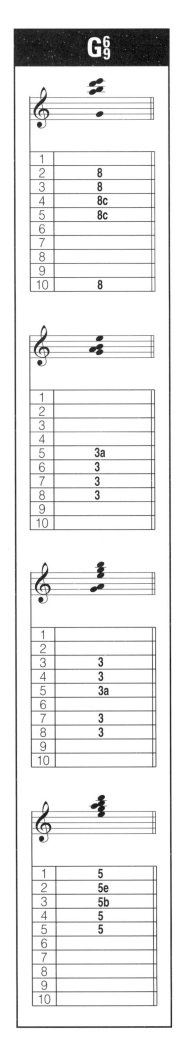
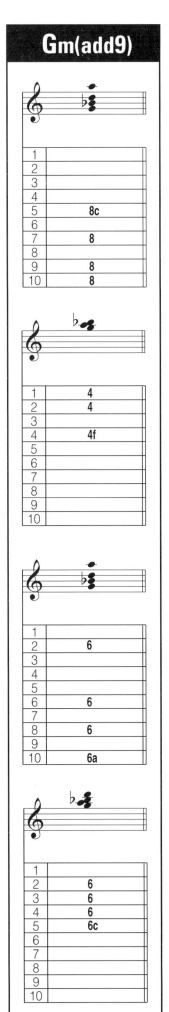
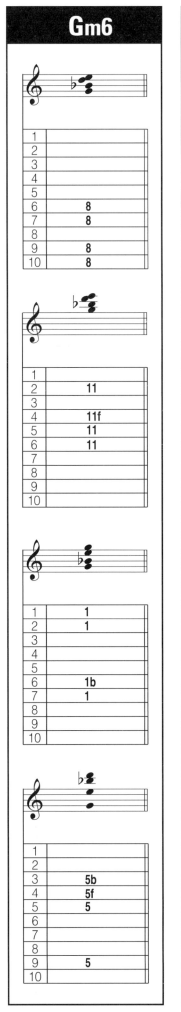
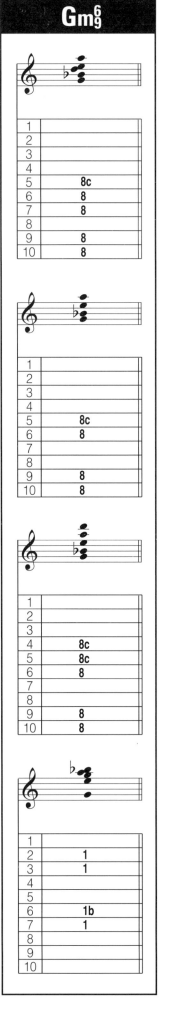

Gmaj7

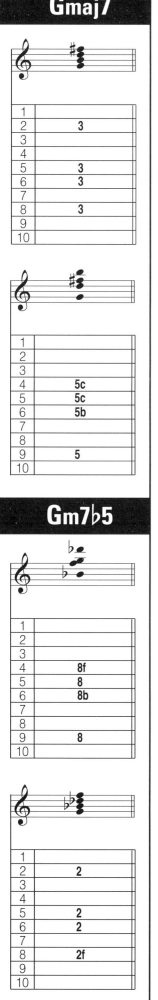

#	
1	
2	3
3	
4	
5	3
6	3
7	
8	3
9	
10	

#	
1	
2	
3	
4	5c
5	5c
6	5b
7	
8	
9	5
10	

Gmaj9

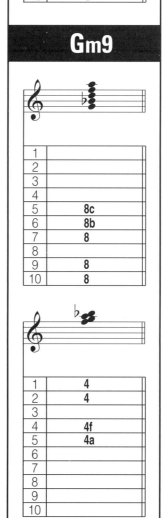

#	
1	
2	3
3	
4	
5	3
6	3
7	3
8	3
9	
10	

#	
1	5
2	
3	
4	5
5	5a
6	5b
7	
8	
9	5
10	

Gmaj13

#	
1	
2	3
3	
4	
5	3c
6	3
7	3
8	3
9	
10	

#	
1	
2	
3	
4	
5	5c
6	5b
7	5
8	5
9	5
10	5

Gm7

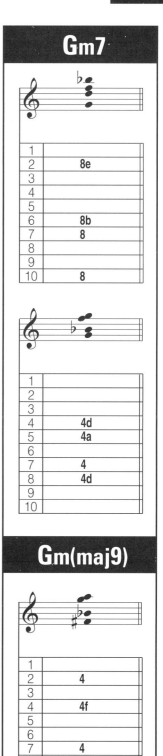

#	
1	
2	8e
3	
4	
5	
6	8b
7	8
8	
9	
10	8

#	
1	
2	
3	
4	4d
5	4a
6	
7	4
8	4d
9	
10	

Gm7♭5

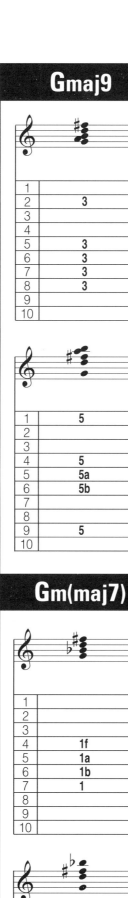

#	
1	
2	
3	
4	8f
5	8
6	8b
7	
8	
9	8
10	

#	
1	
2	2
3	
4	
5	2
6	2
7	
8	2f
9	
10	

Gm(maj7)

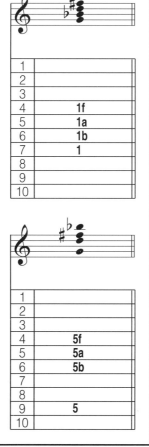

#	
1	
2	
3	
4	1f
5	1a
6	1b
7	1
8	
9	
10	

#	
1	
2	
3	
4	5f
5	5a
6	5b
7	
8	
9	5
10	

Gm9

#	
1	
2	
3	
4	
5	8c
6	8b
7	8
8	
9	8
10	8

#	
1	4
2	4
3	
4	4f
5	4a
6	
7	
8	
9	
10	

Gm(maj9)

#	
1	
2	4
3	
4	4f
5	
6	
7	4
8	
9	4
10	

#	
1	4
2	4
3	
4	4f
5	
6	
7	
8	
9	4
10	

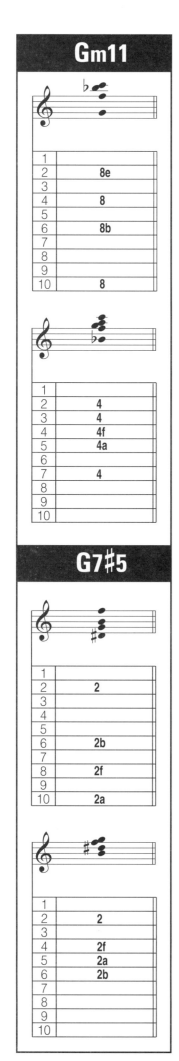

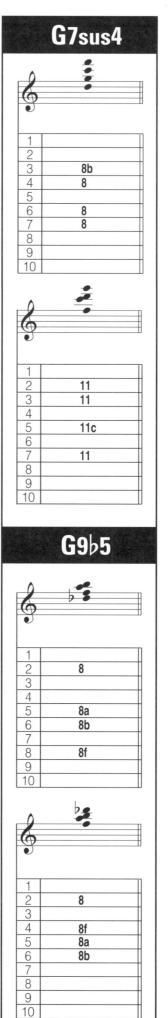
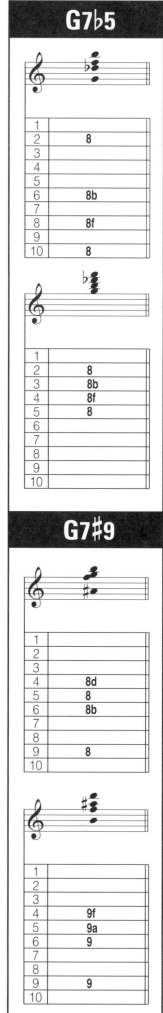

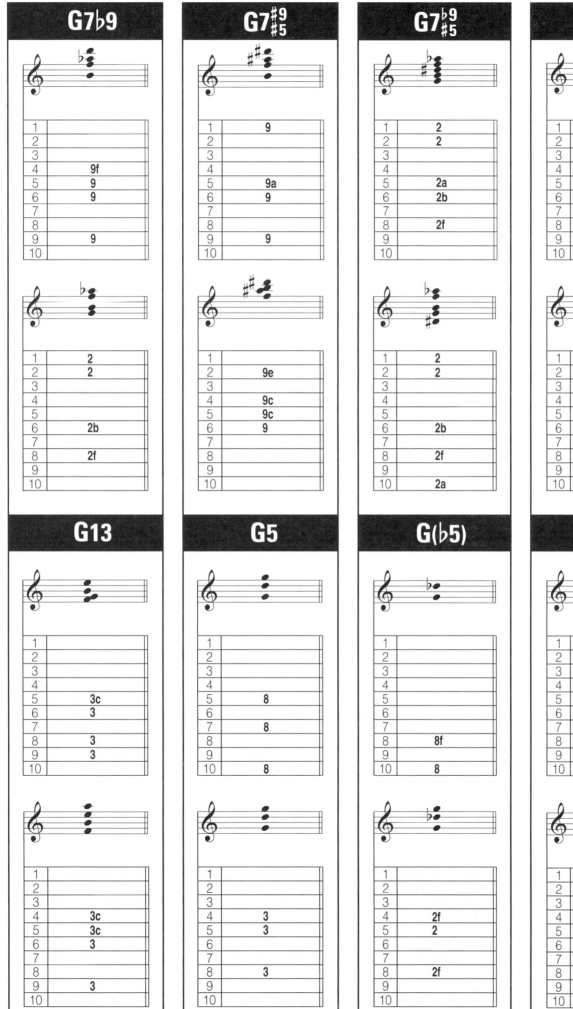

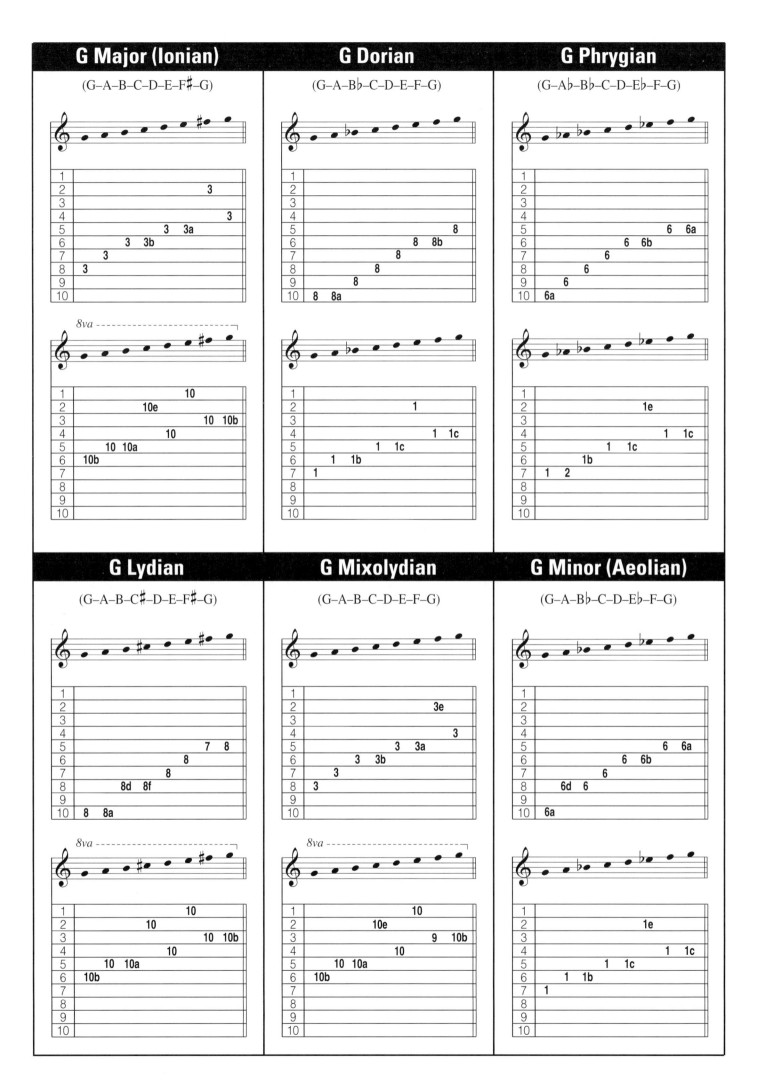

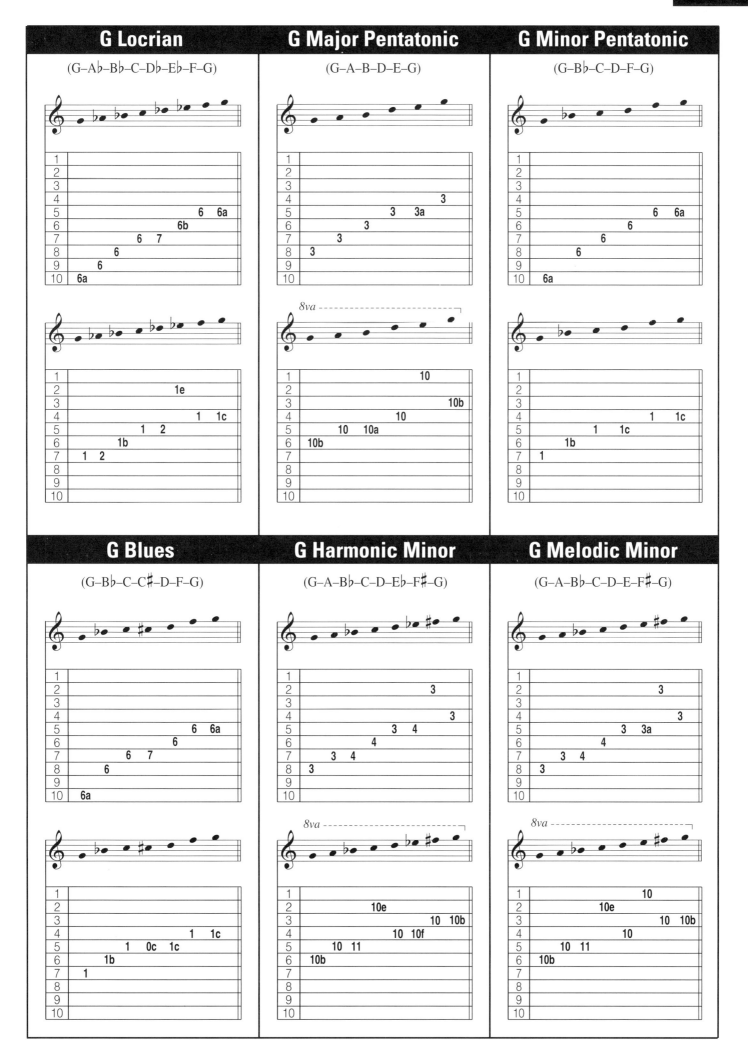

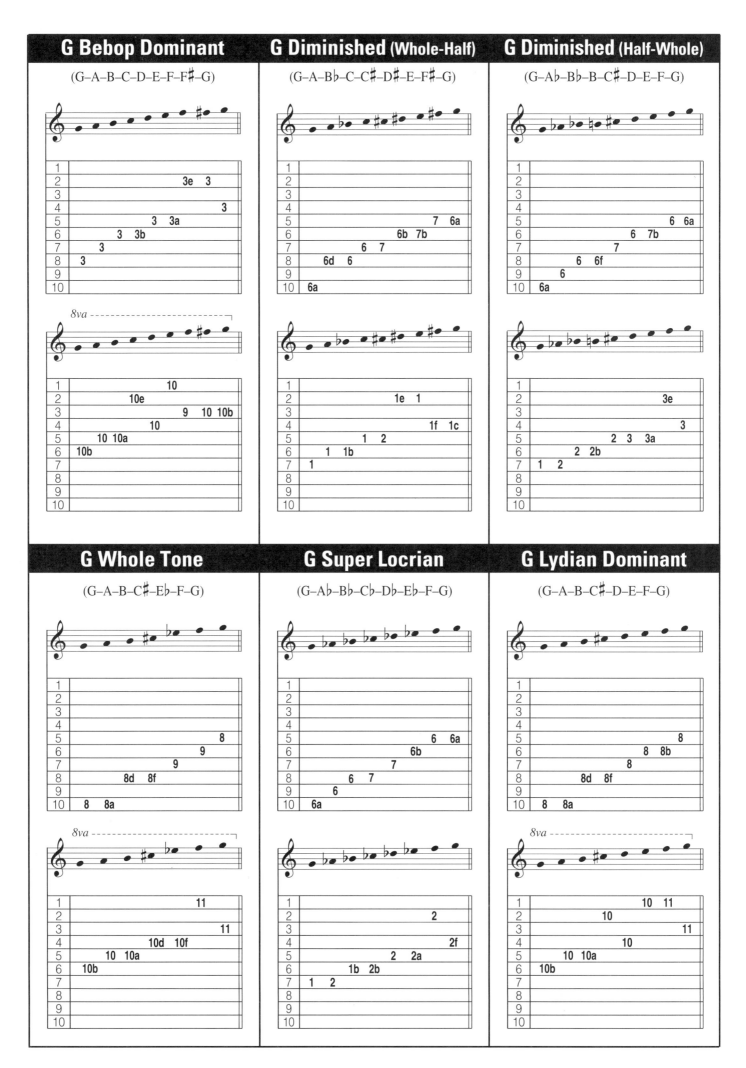

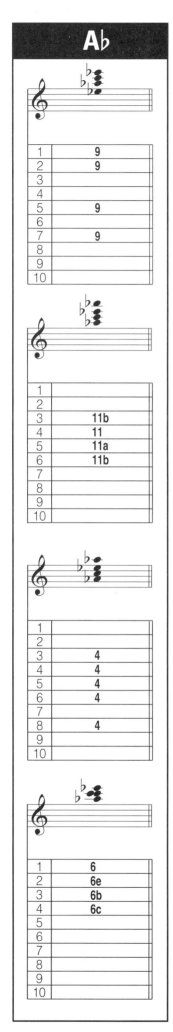

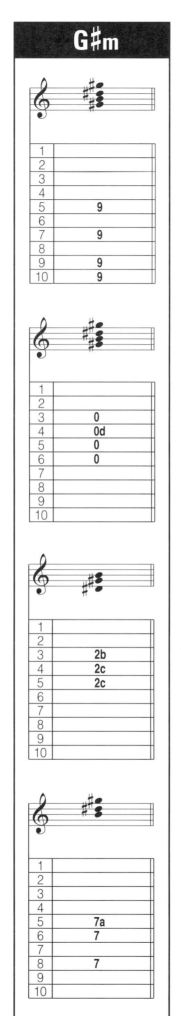

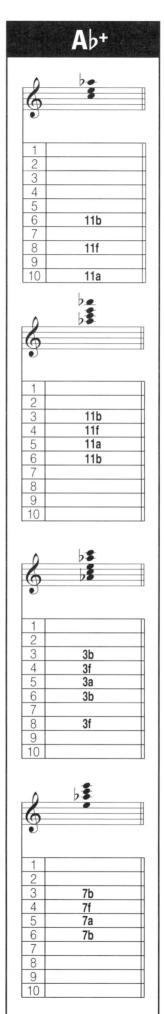

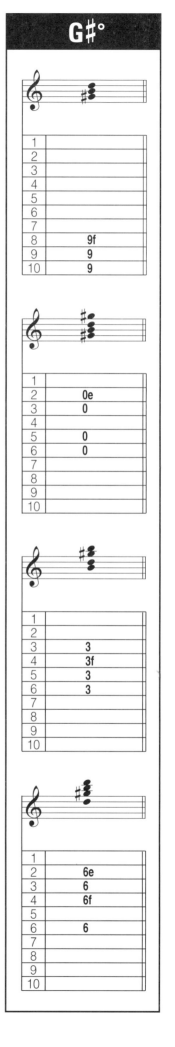

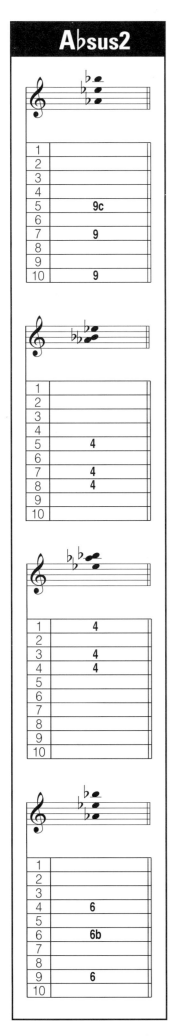
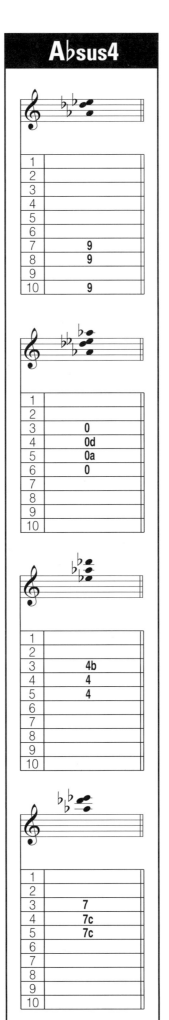
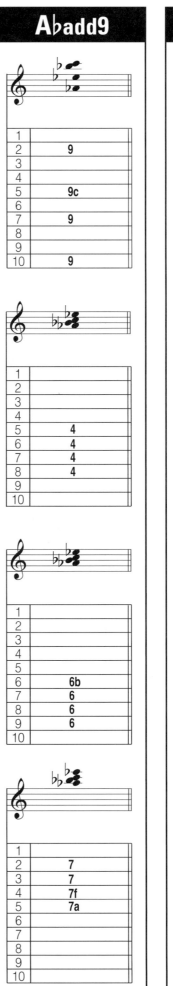
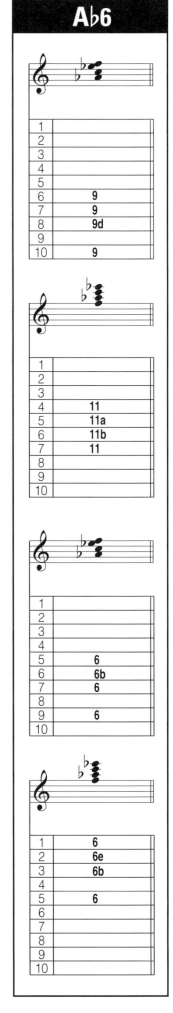

Absus2

1	
2	
3	
4	
5	9c
6	
7	9
8	
9	
10	9

1	
2	
3	
4	
5	4
6	
7	4
8	4
9	
10	

1	4
2	
3	4
4	4
5	
6	
7	
8	
9	
10	

1	
2	
3	
4	6
5	
6	6b
7	
8	
9	6
10	

Absus4

1	
2	
3	
4	
5	
6	
7	9
8	9
9	
10	9

1	
2	
3	0
4	0d
5	0a
6	0
7	
8	
9	
10	

1	
2	
3	4b
4	4
5	4
6	
7	
8	
9	
10	

1	
2	
3	7
4	7c
5	7c
6	
7	
8	
9	
10	

Abadd9

1	
2	9
3	
4	
5	9c
6	
7	9
8	
9	
10	9

1	
2	
3	
4	
5	4
6	4
7	4
8	4
9	
10	

1	
2	
3	
4	
5	
6	6b
7	6
8	6
9	6
10	

1	
2	7
3	7
4	7f
5	7a
6	
7	
8	
9	
10	

Ab6

1	
2	
3	
4	
5	
6	9
7	9
8	9d
9	
10	9

1	
2	
3	
4	11
5	11a
6	11b
7	11
8	
9	
10	

1	
2	
3	
4	
5	6
6	6b
7	6
8	
9	6
10	

1	6
2	6e
3	6b
4	
5	6
6	
7	
8	
9	
10	

Ab6/9

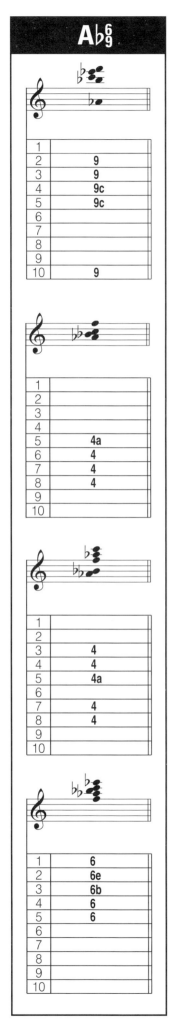

1	
2	9
3	9
4	9c
5	9c
6	
7	
8	
9	
10	9

1	
2	
3	
4	
5	4a
6	4
7	4
8	4
9	
10	

1	
2	
3	4
4	4
5	4a
6	
7	4
8	4
9	
10	

1	6
2	6e
3	6b
4	6
5	6
6	
7	
8	
9	
10	

G#m(add9)

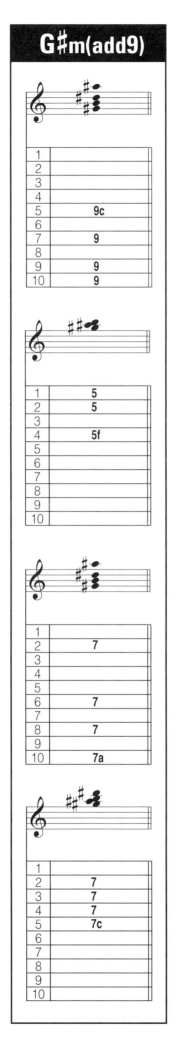

1	
2	
3	
4	
5	9c
6	
7	9
8	
9	9
10	9

1	5
2	5
3	
4	5f
5	
6	
7	
8	
9	
10	

1	
2	7
3	
4	
5	
6	7
7	
8	7
9	
10	7a

1	
2	7
3	7
4	7
5	7c
6	
7	
8	
9	
10	

G#m6

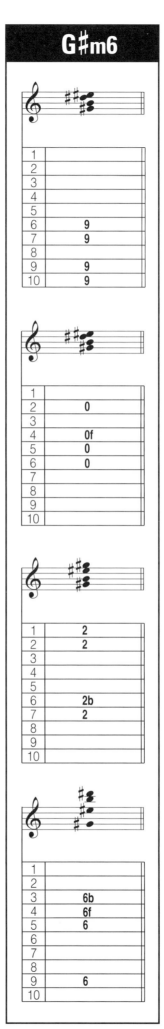

1	
2	
3	
4	
5	
6	9
7	9
8	
9	9
10	9

1	
2	0
3	
4	0f
5	0
6	0
7	
8	
9	
10	

1	2
2	2
3	
4	
5	
6	2b
7	2
8	
9	
10	

1	
2	
3	6b
4	6f
5	6
6	
7	
8	
9	6
10	

G#m6/9

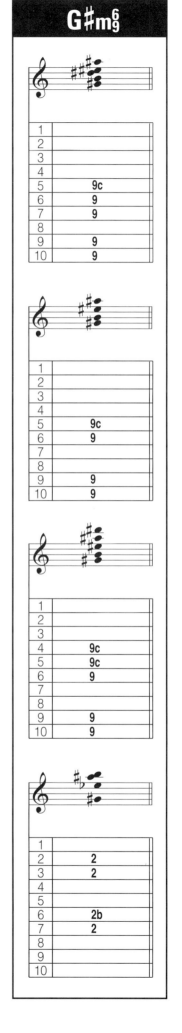

1	
2	
3	
4	
5	9c
6	9
7	9
8	
9	9
10	9

1	
2	
3	
4	
5	9c
6	9
7	
8	
9	9
10	9

1	
2	
3	
4	9c
5	9c
6	9
7	
8	
9	9
10	9

1	
2	2
3	2
4	
5	
6	2b
7	2
8	
9	
10	

Abmaj7

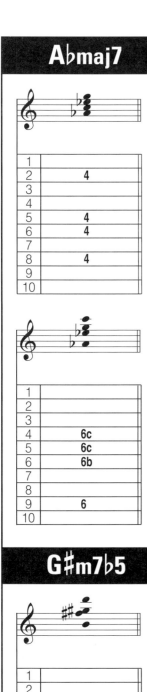

Abmaj9

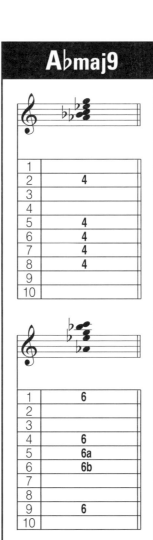

Abmaj13

G#m7

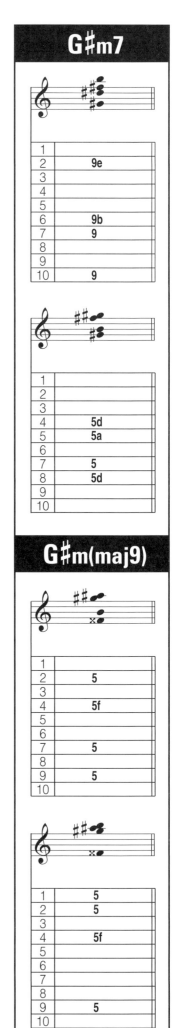

G#m7b5

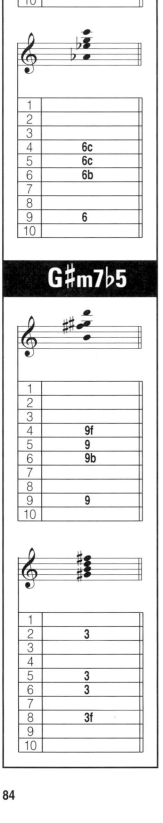

G#m(maj7)

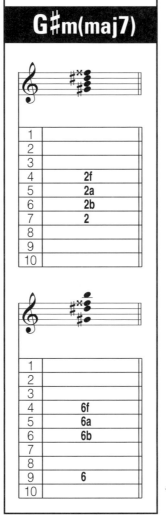

G#m9

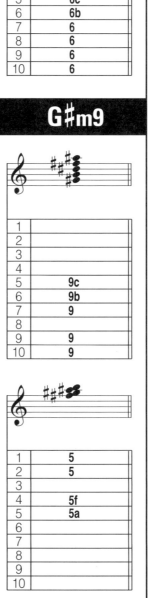

G#m(maj9)

G#m11

#	
1	
2	9e
3	
4	9
5	
6	9b
7	
8	
9	
10	9

#	
1	
2	5
3	5
4	5f
5	5a
6	
7	5
8	
9	
10	

Ab7

#	
1	
2	
3	
4	9d
5	9
6	9b
7	
8	
9	
10	

#	
1	
2	4e
3	
4	
5	4
6	4
7	
8	4
9	
10	

Ab7sus4

#	
1	
2	
3	9b
4	9
5	
6	9
7	9
8	
9	
10	

#	
1	
2	0
3	0
4	
5	0c
6	
7	0
8	
9	
10	

Ab7b5

#	
1	
2	9
3	
4	
5	
6	9b
7	
8	9f
9	
10	9

#	
1	
2	9
3	9b
4	9f
5	9
6	
7	
8	
9	
10	

Ab7#5

#	
1	
2	3
3	
4	
5	
6	3b
7	
8	3f
9	
10	3a

#	
1	
2	3
3	
4	3f
5	3a
6	3b
7	
8	
9	
10	

Ab9

#	
1	
2	9
3	
4	
5	9c
6	9b
7	
8	
9	
10	9

#	
1	
2	7
3	7
4	
5	7
6	
7	
8	7f
9	
10	

Ab9b5

#	
1	
2	9
3	
4	
5	9a
6	9b
7	
8	9f
9	
10	

#	
1	
2	9
3	
4	9f
5	9a
6	9b
7	
8	
9	
10	

Ab7#9

#	
1	
2	
3	
4	9d
5	9
6	9b
7	
8	
9	9
10	

#	
1	
2	
3	
4	10f
5	10a
6	10
7	
8	
9	10
10	

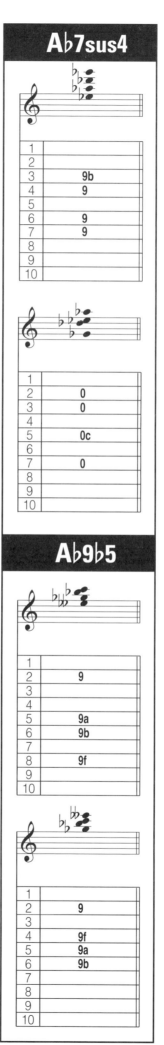
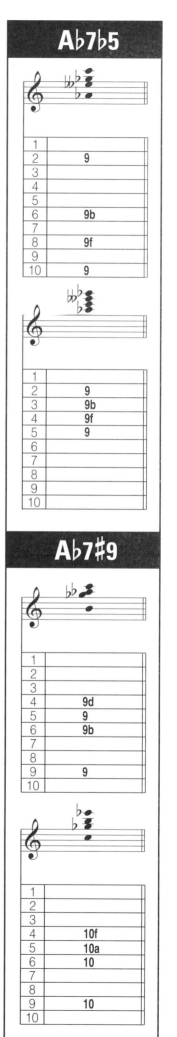

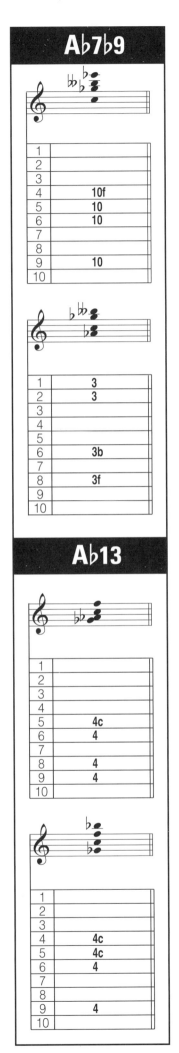
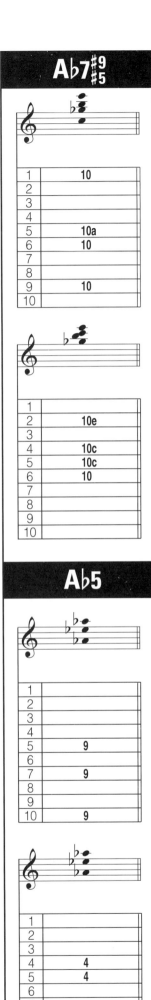
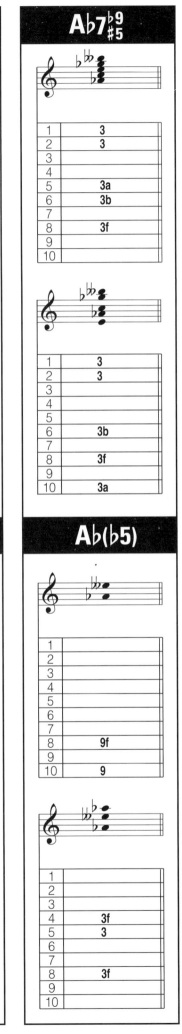
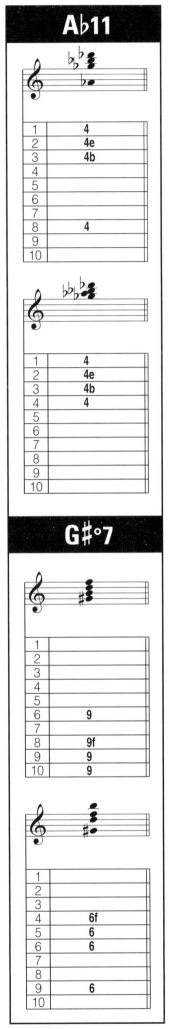

Ab7b9

#	
1	
2	
3	
4	10f
5	10
6	10
7	
8	
9	10
10	

#	
1	3
2	3
3	
4	
5	
6	3b
7	
8	3f
9	
10	

Ab7#9/#5

#	
1	10
2	
3	
4	
5	10a
6	10
7	
8	
9	10
10	

#	
1	
2	10e
3	
4	10c
5	10c
6	10
7	
8	
9	
10	

Ab7b9/#5

#	
1	3
2	3
3	
4	
5	3a
6	3b
7	
8	3f
9	
10	

#	
1	3
2	3
3	
4	
5	
6	3b
7	
8	3f
9	
10	3a

Ab11

#	
1	4
2	4e
3	4b
4	
5	
6	
7	
8	4
9	
10	

#	
1	4
2	4e
3	4b
4	4
5	
6	
7	
8	
9	
10	

Ab13

#	
1	
2	
3	
4	
5	4c
6	4
7	
8	4
9	4
10	

#	
1	
2	
3	
4	4c
5	4c
6	4
7	
8	
9	4
10	

Ab5

#	
1	
2	
3	
4	
5	9
6	
7	9
8	
9	
10	9

#	
1	
2	
3	
4	4
5	4
6	
7	
8	4
9	
10	

Ab(b5)

#	
1	
2	
3	
4	
5	
6	
7	
8	9f
9	
10	9

#	
1	
2	
3	
4	3f
5	3
6	
7	
8	3f
9	
10	

G#°7

#	
1	
2	
3	
4	
5	
6	9
7	
8	9f
9	9
10	9

#	
1	
2	
3	
4	6f
5	6
6	6
7	
8	
9	6
10	

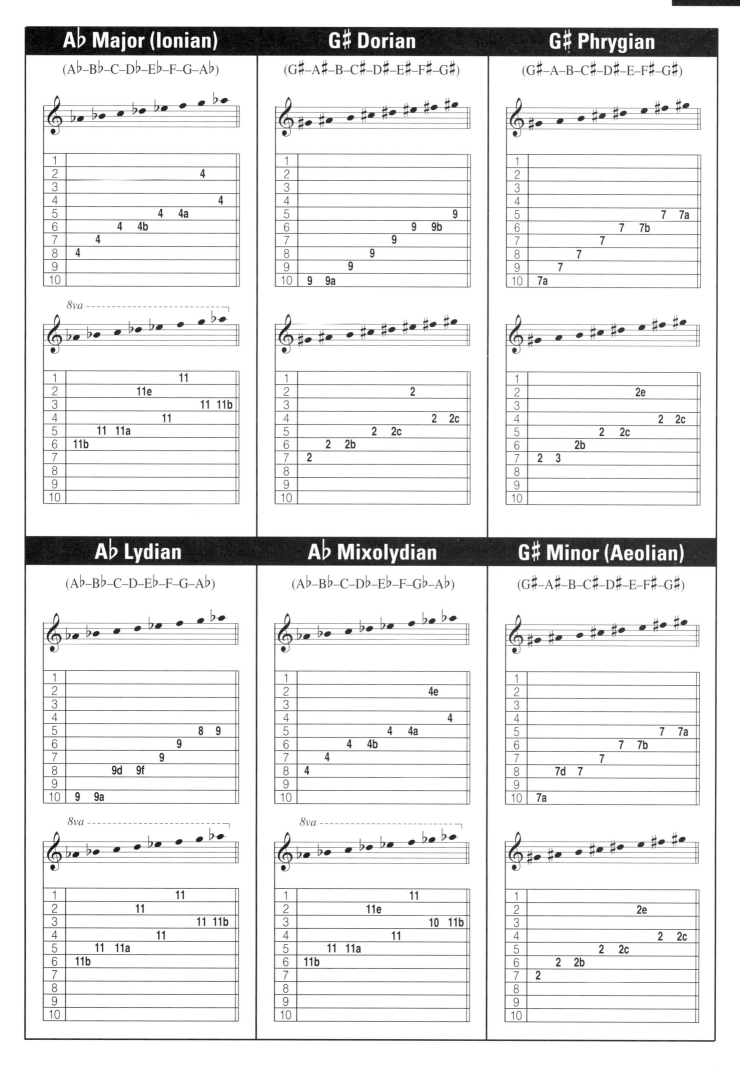

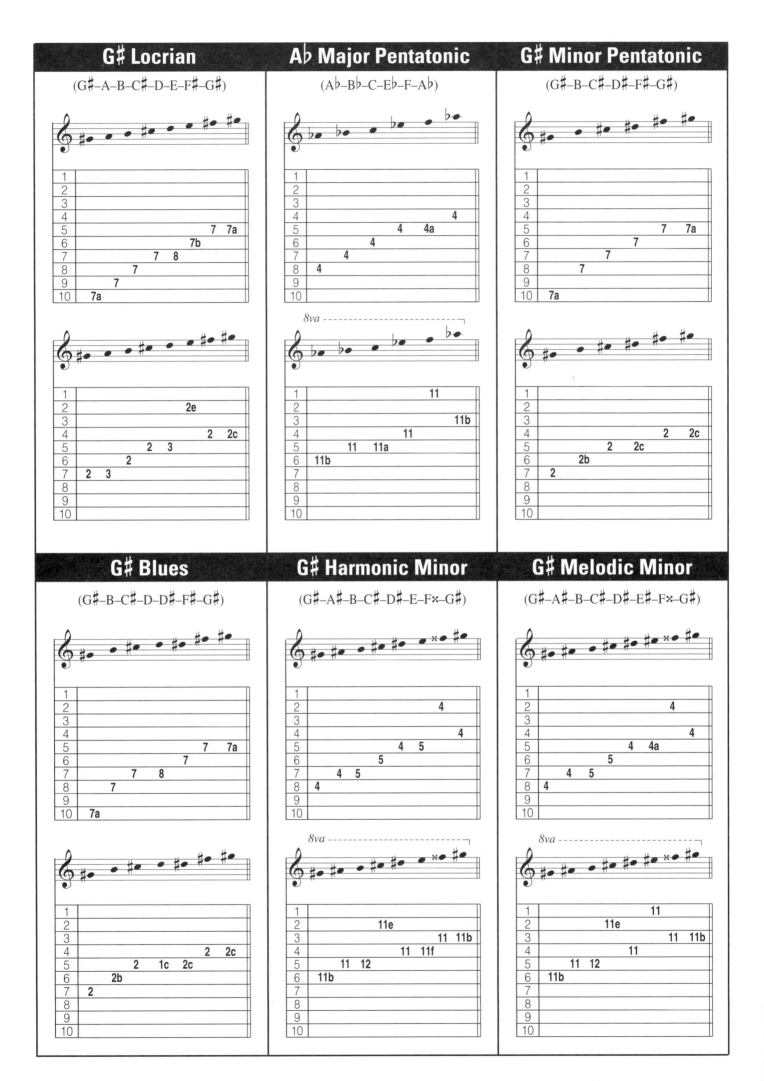

G♯ Locrian

(G♯–A–B–C♯–D–E–F♯–G♯)

A♭ Major Pentatonic

(A♭–B♭–C–E♭–F–A♭)

G♯ Minor Pentatonic

(G♯–B–C♯–D♯–F♯–G♯)

G♯ Blues

(G♯–B–C♯–D–D♯–F♯–G♯)

G♯ Harmonic Minor

(G♯–A♯–B–C♯–D♯–E–F×–G♯)

G♯ Melodic Minor

(G♯–A♯–B–C♯–D♯–E♯–F×–G♯)

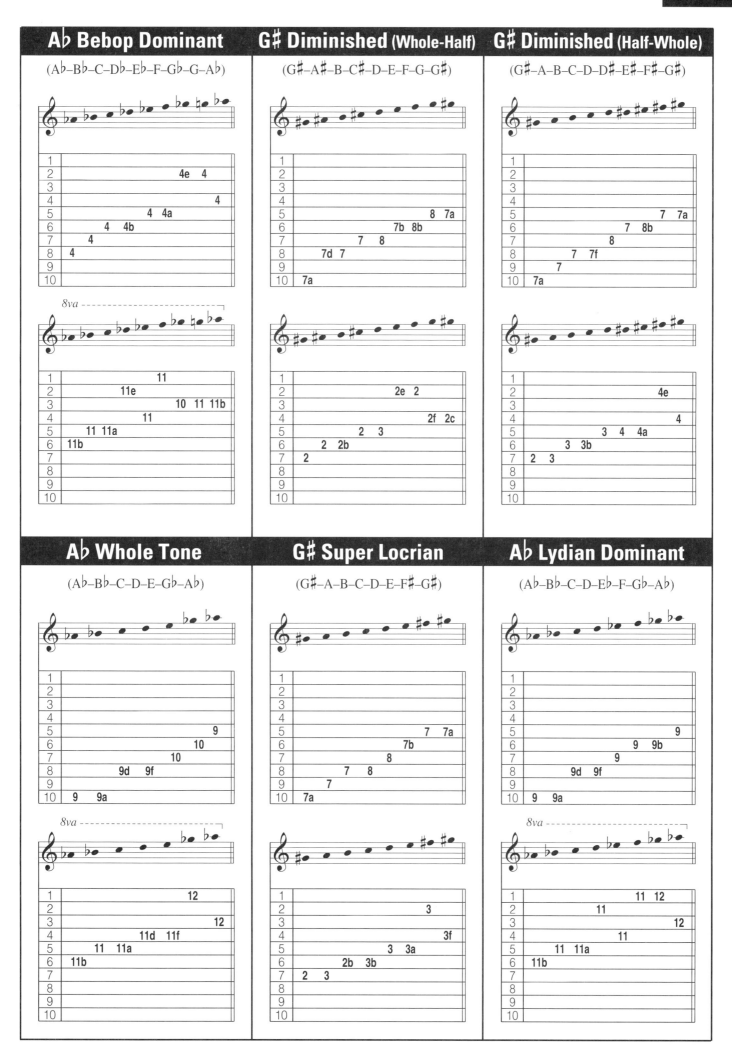

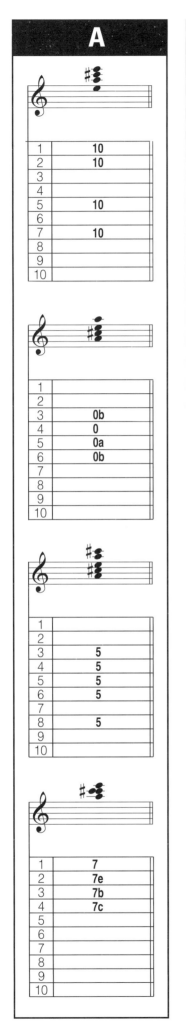

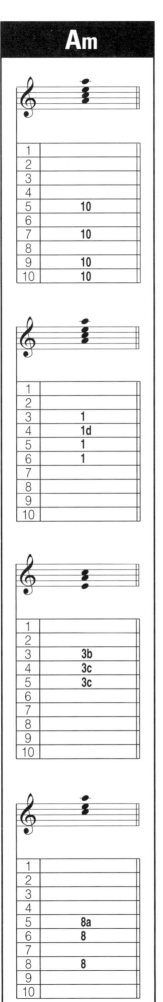

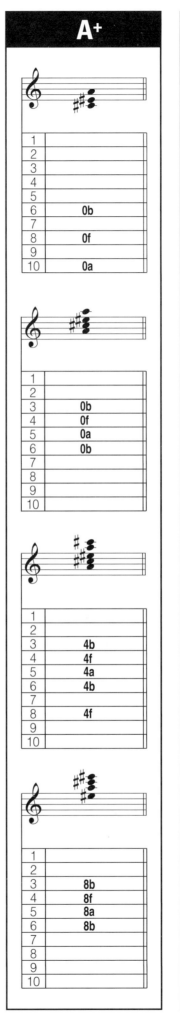

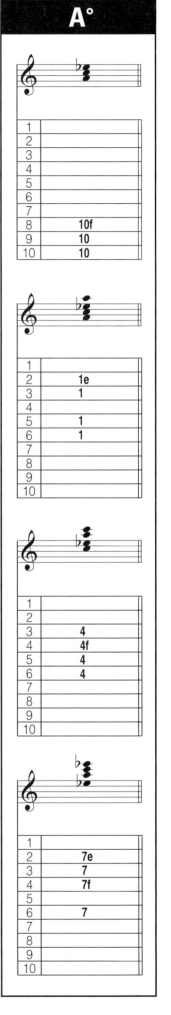

Asus2

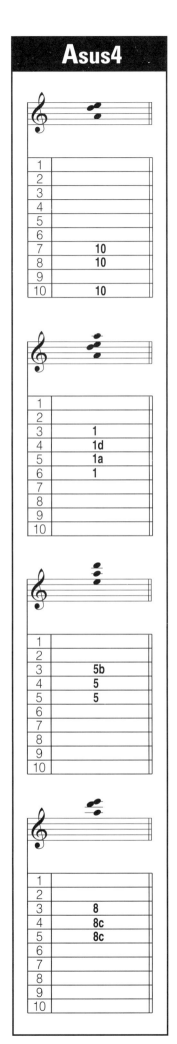

String	1	2
1		
2		
3		
4		
5	10c	
6		
7	10	
8		
9		
10	10	

String	
1	
2	
3	
4	
5	5
6	
7	5
8	5
9	
10	

String	
1	5
2	
3	
4	5
5	5
6	
7	
8	
9	
10	

String	
1	
2	
3	
4	7
5	
6	7b
7	
8	
9	7
10	

Asus4

String	
1	
2	
3	
4	
5	
6	
7	10
8	10
9	
10	10

String	
1	
2	
3	1
4	1d
5	1a
6	1
7	
8	
9	
10	

String	
1	
2	
3	5b
4	5
5	5
6	
7	
8	
9	
10	

String	
1	
2	
3	8
4	8c
5	8c
6	
7	
8	
9	
10	

Aadd9

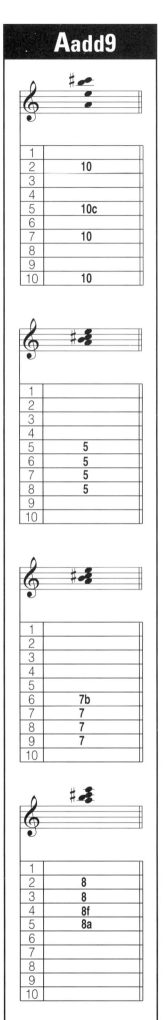

String	
1	
2	10
3	
4	
5	10c
6	
7	10
8	
9	
10	10

String	
1	
2	
3	
4	
5	5
6	5
7	5
8	5
9	
10	

String	
1	
2	
3	
4	
5	
6	7b
7	7
8	7
9	7
10	

String	
1	
2	8
3	8
4	8f
5	8a
6	
7	
8	
9	
10	

A6

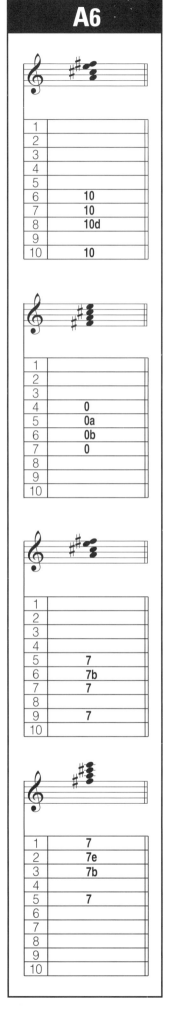

String	
1	
2	
3	
4	
5	
6	10
7	10
8	10d
9	
10	10

String	
1	
2	
3	
4	0
5	0a
6	0b
7	0
8	
9	
10	

String	
1	
2	
3	
4	
5	7
6	7b
7	7
8	
9	7
10	

String	
1	7
2	7e
3	7b
4	
5	7
6	
7	
8	
9	
10	

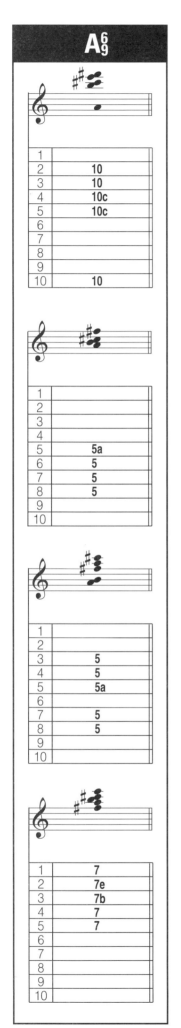

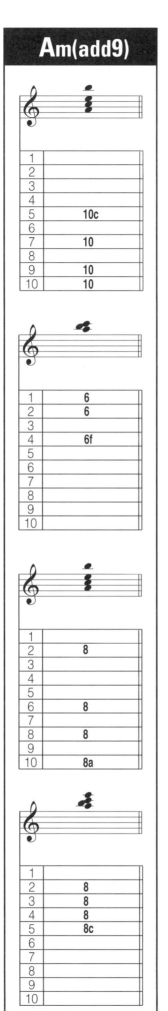

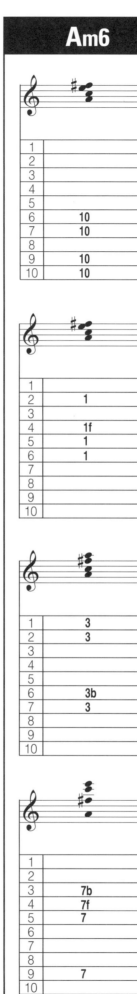

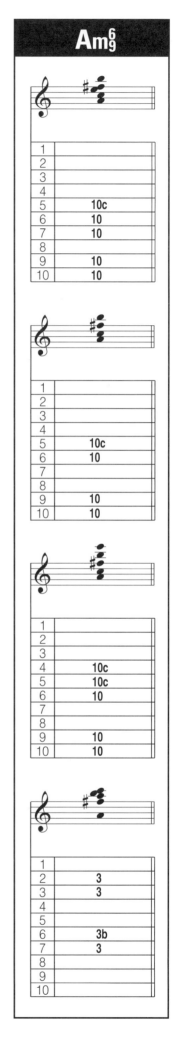

A⁶₉

String	1	2	3	4
1				7
2	10			7e
3	10		5	7b
4	10c		5	7
5	10c	5a	5a	7
6		5		
7		5	5	
8		5	5	
9				
10	10			

Am(add9)

String	1	2	3	4
1		6		
2		6	8	8
3				8
4		6f		8
5	10c			8c
6			8	
7	10			
8			8	
9	10			
10	10		8a	

Am6

String	1	2	3	4
1			3	
2		1	3	
3				7b
4		1f		7f
5		1		7
6	10	1	3b	
7	10		3	
8				
9	10			7
10	10			

Am⁶₉

String	1	2	3	4
1				
2				3
3				3
4			10c	
5	10c	10c	10c	
6	10	10	10	3b
7	10			3
8				
9	10	10	10	
10	10	10	10	

Amaj7

1	
2	5
3	
4	
5	5
6	5
7	
8	5
9	
10	

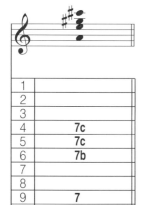

1	
2	
3	
4	7c
5	7c
6	7b
7	
8	
9	7
10	

Amaj9

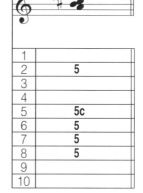

1	
2	5
3	
4	
5	5
6	5
7	5
8	5
9	
10	

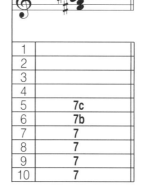

1	7
2	
3	
4	7
5	7a
6	7b
7	
8	
9	7
10	

Amaj13

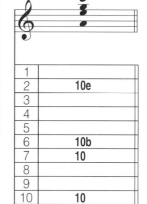

1	
2	5
3	
4	
5	5c
6	5
7	5
8	5
9	
10	

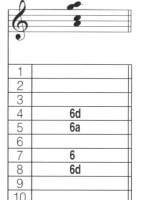

1	
2	
3	
4	
5	7c
6	7b
7	7
8	7
9	7
10	7

Am7

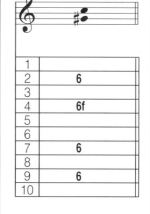

1	
2	10e
3	
4	
5	
6	10b
7	10
8	
9	
10	10

1	
2	
3	
4	6d
5	6a
6	
7	6
8	6d
9	
10	

Am7♭5

1	
2	
3	
4	10f
5	10
6	10b
7	
8	
9	10
10	

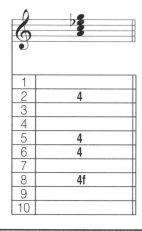

1	
2	4
3	
4	
5	4
6	4
7	
8	4f
9	
10	

Am(maj7)

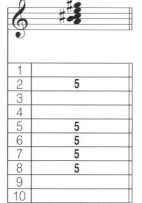

1	
2	
3	
4	3f
5	3a
6	3b
7	3
8	
9	
10	

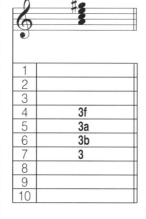

1	
2	
3	
4	7f
5	7a
6	7b
7	
8	
9	7
10	

Am9

1	
2	
3	
4	
5	10c
6	10b
7	10
8	
9	10
10	10

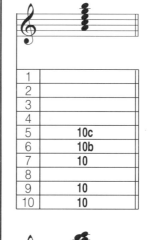

1	6
2	6
3	
4	6f
5	6a
6	
7	
8	
9	
10	

Am(maj9)

1	
2	6
3	
4	6f
5	
6	
7	6
8	
9	6
10	

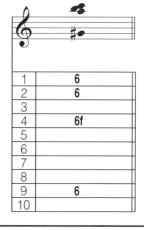

1	6
2	6
3	
4	6f
5	
6	
7	
8	
9	6
10	

Am11

String	Fret
1	
2	10e
3	
4	10
5	
6	10b
7	
8	
9	
10	10

String	Fret
1	
2	6
3	6
4	6f
5	6a
6	
7	6
8	
9	
10	

A7

String	Fret
1	
2	
3	
4	10d
5	10
6	10b
7	
8	
9	
10	

String	Fret
1	
2	5e
3	
4	
5	5
6	5
7	
8	5
9	
10	

A7sus4

String	Fret
1	
2	
3	10b
4	10
5	
6	10
7	10
8	
9	
10	

String	Fret
1	
2	1
3	1
4	
5	1c
6	
7	1
8	
9	
10	

A7♭5

String	Fret
1	
2	10
3	
4	
5	
6	10b
7	
8	10f
9	
10	10

String	Fret
1	
2	10
3	10b
4	10f
5	10
6	
7	
8	
9	
10	

A7♯5

String	Fret
1	
2	4
3	
4	
5	
6	4b
7	
8	4f
9	
10	4a

String	Fret
1	
2	4
3	
4	4f
5	4a
6	4b
7	
8	
9	
10	

A9

String	Fret
1	
2	10
3	
4	
5	10c
6	10b
7	
8	
9	
10	10

String	Fret
1	
2	8
3	8
4	
5	8
6	
7	
8	8f
9	
10	

A9♭5

String	Fret
1	
2	10
3	
4	
5	10a
6	10b
7	
8	10f
9	
10	

String	Fret
1	
2	10
3	
4	10f
5	10a
6	10b
7	
8	
9	
10	

A7♯9

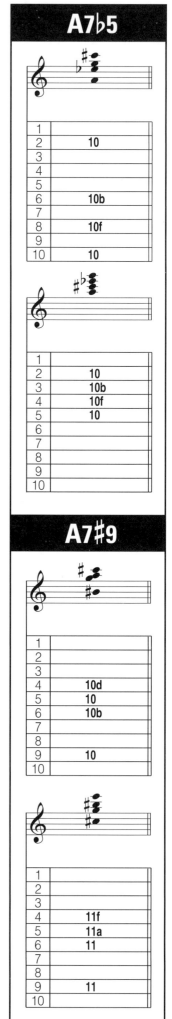

String	Fret
1	
2	
3	
4	10d
5	10
6	10b
7	
8	
9	10
10	

String	Fret
1	
2	
3	
4	11f
5	11a
6	11
7	
8	
9	11
10	

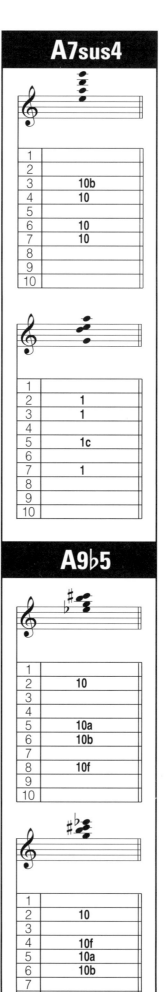

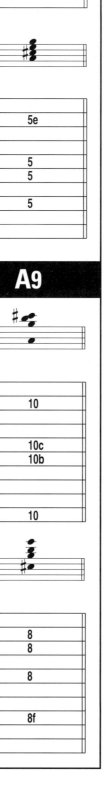

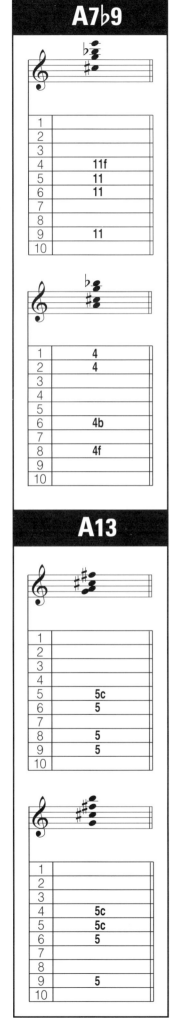
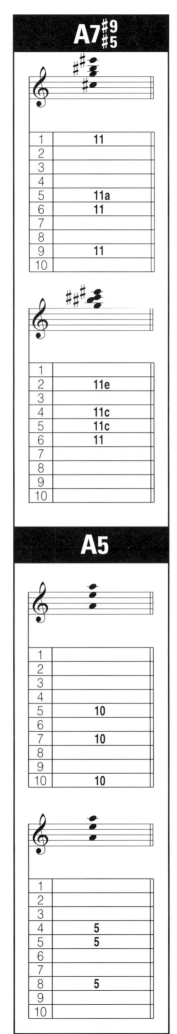
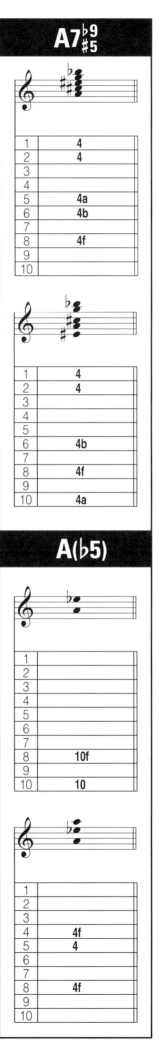
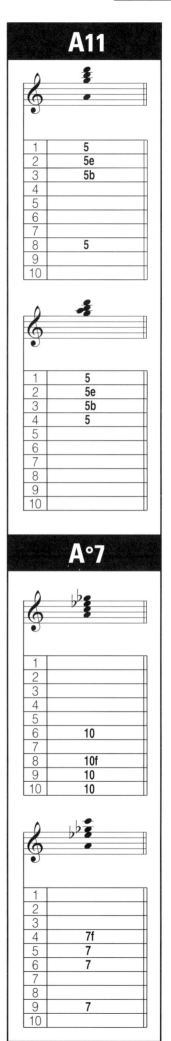

A7♭9

#	
1	
2	
3	
4	11f
5	11
6	11
7	
8	
9	11
10	

#	
1	4
2	4
3	
4	
5	
6	4b
7	
8	4f
9	
10	

A7#9#5

#	
1	11
2	
3	
4	
5	11a
6	11
7	
8	
9	11
10	

#	
1	
2	11e
3	
4	11c
5	11c
6	11
7	
8	
9	
10	

A7♭9#5

#	
1	4
2	4
3	
4	
5	4a
6	4b
7	
8	4f
9	
10	

#	
1	4
2	4
3	
4	
5	
6	4b
7	
8	4f
9	
10	4a

A11

#	
1	5
2	5e
3	5b
4	
5	
6	
7	
8	5
9	
10	

#	
1	5
2	5e
3	5b
4	5
5	
6	
7	
8	
9	
10	

A13

#	
1	
2	
3	
4	
5	5c
6	5
7	
8	5
9	5
10	

#	
1	
2	
3	
4	5c
5	5c
6	5
7	
8	
9	5
10	

A5

#	
1	
2	
3	
4	
5	10
6	
7	10
8	
9	
10	10

#	
1	
2	
3	
4	5
5	5
6	
7	
8	5
9	
10	

A(♭5)

#	
1	
2	
3	
4	
5	
6	
7	
8	10f
9	
10	10

#	
1	
2	
3	
4	4f
5	4
6	
7	
8	4f
9	
10	

A°7

#	
1	
2	
3	
4	
5	
6	10
7	
8	10f
9	10
10	10

#	
1	
2	
3	
4	7f
5	7
6	7
7	
8	
9	7
10	

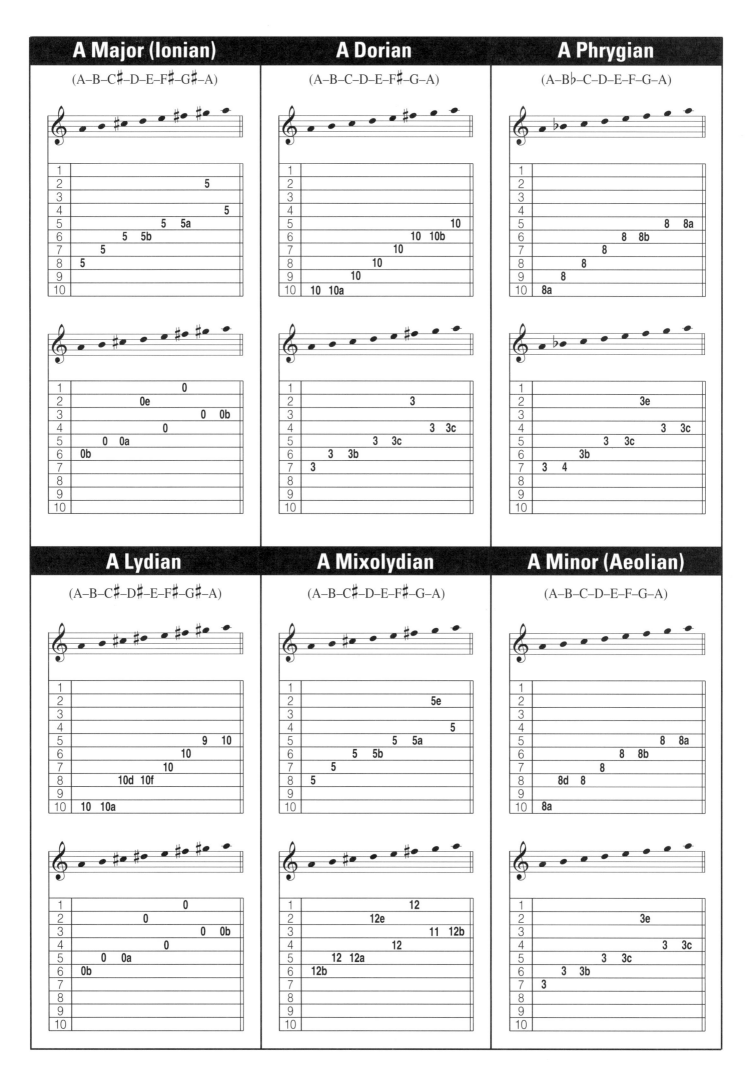

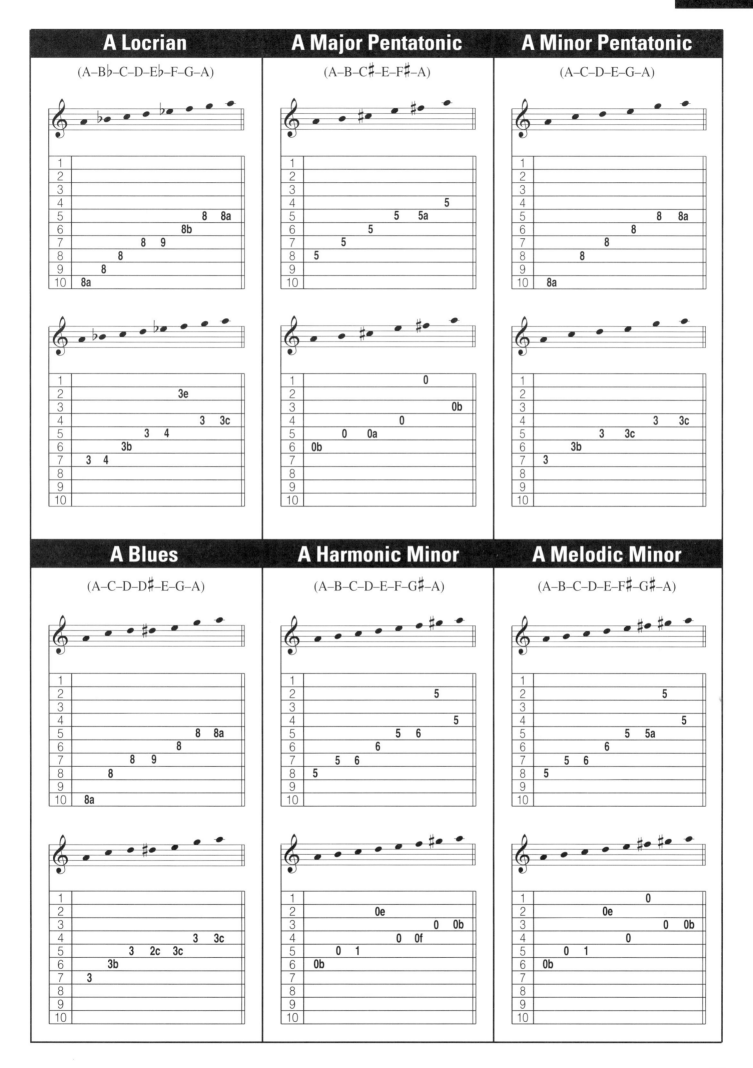

A Locrian

(A–B♭–C–D–E♭–F–G–A)

A Major Pentatonic

(A–B–C♯–E–F♯–A)

A Minor Pentatonic

(A–C–D–E–G–A)

A Blues

(A–C–D–D♯–E–G–A)

A Harmonic Minor

(A–B–C–D–E–F–G♯–A)

A Melodic Minor

(A–B–C–D–E–F♯–G♯–A)

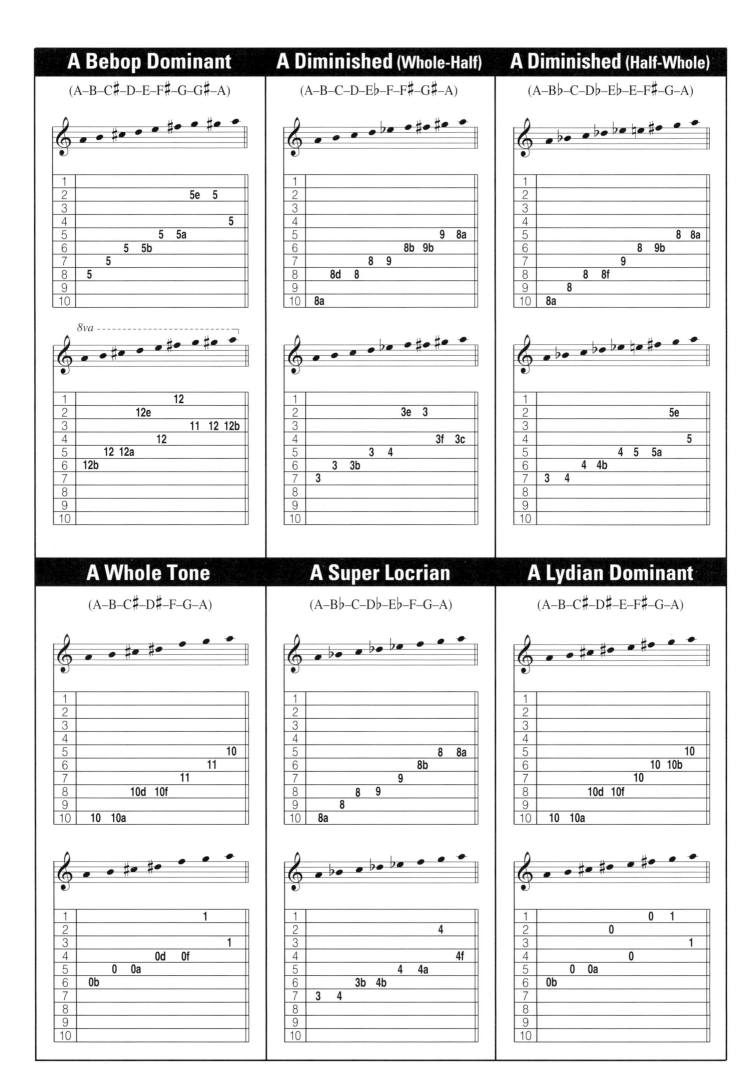

Bb

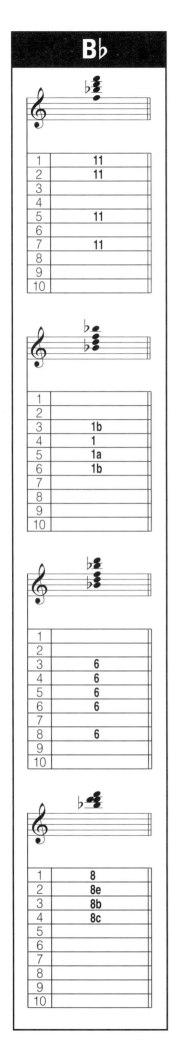

#	Chord 1	Chord 2	Chord 3	Chord 4
1	11			8
2	11			8e
3		1b	6	8b
4		1	6	8c
5	11	1a	6	
6		1b	6	
7	11			
8			6	
9				
10				

Bbm

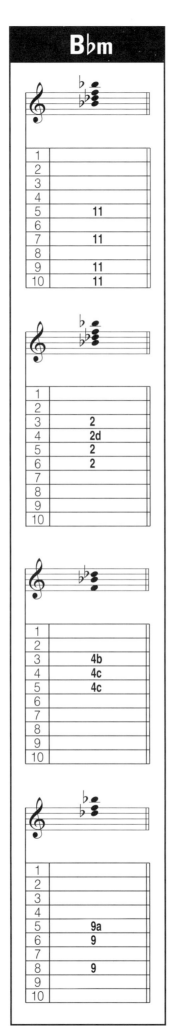

#	Chord 1	Chord 2	Chord 3	Chord 4
1				
2				
3		2	4b	
4		2d	4c	
5	11	2	4c	9a
6		2		9
7	11			
8				9
9	11			
10	11			

Bb+

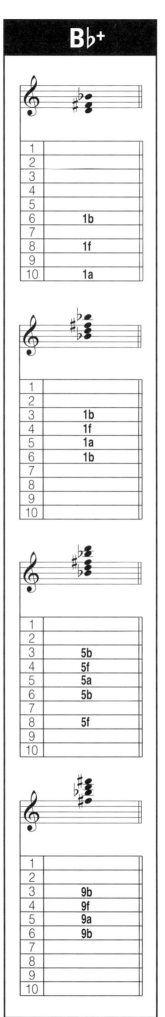

#	Chord 1	Chord 2	Chord 3	Chord 4
1				
2				
3		1b	5b	9b
4		1f	5f	9f
5		1a	5a	9a
6	1b	1b	5b	9b
7				
8	1f		5f	
9				
10	1a			

Bb°

#	Chord 1	Chord 2	Chord 3	Chord 4
1				
2		2e		8e
3		2	5	8
4			5f	8f
5		2	5	
6		2	5	8
7				
8	11f			
9	11			
10	11			

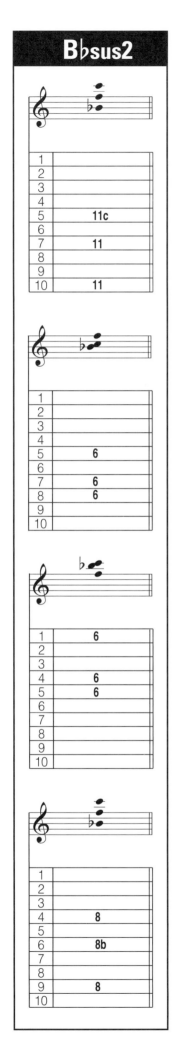
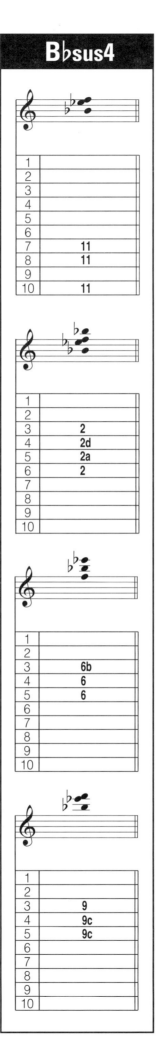
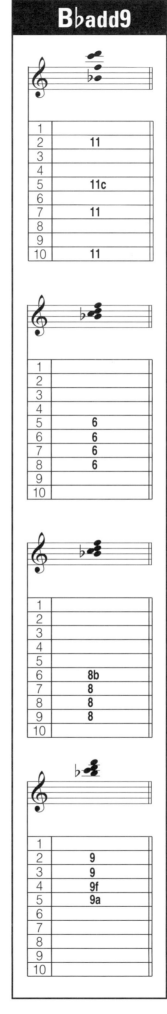

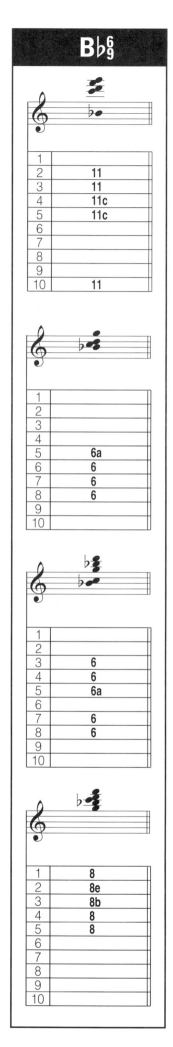

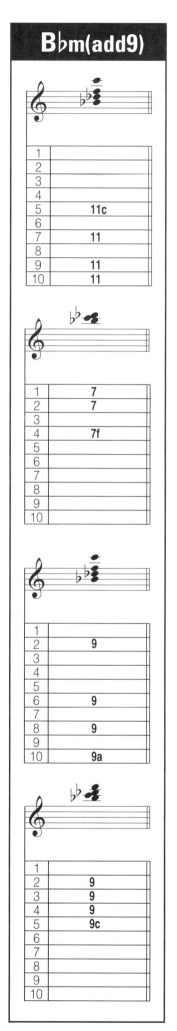

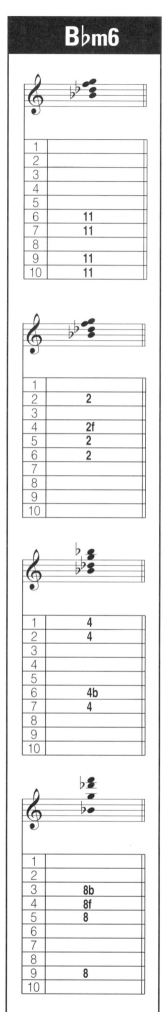

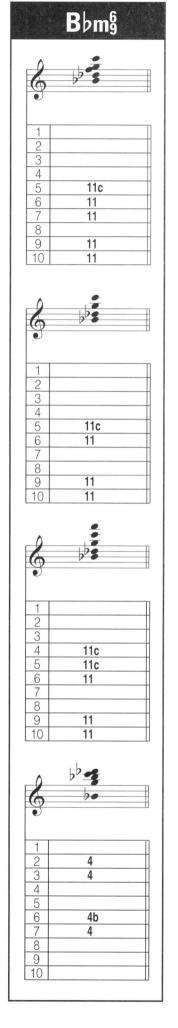

Bb maj7

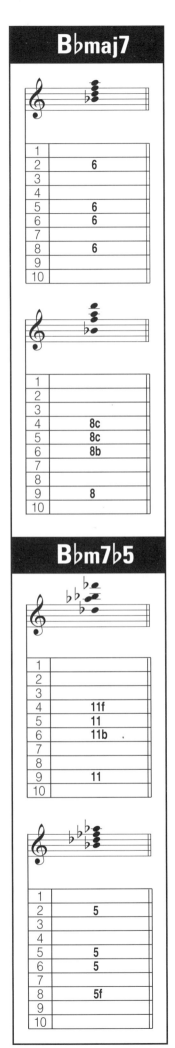

1	
2	6
3	
4	
5	6
6	6
7	
8	6
9	
10	

1	
2	
3	
4	8c
5	8c
6	8b
7	
8	
9	8
10	

Bb maj9

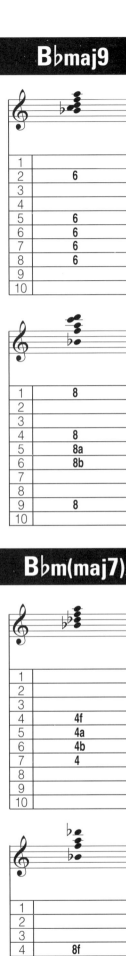

1	
2	6
3	
4	
5	6
6	6
7	6
8	6
9	
10	

1	8
2	
3	
4	8
5	8a
6	8b
7	
8	
9	8
10	

Bb maj13

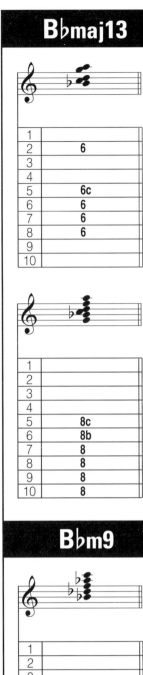

1	
2	6
3	
4	
5	6c
6	6
7	6
8	6
9	
10	

1	
2	
3	
4	
5	8c
6	8b
7	8
8	8
9	8
10	8

Bb m7

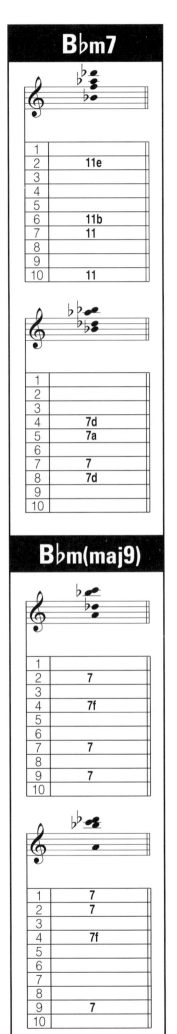

1	
2	11e
3	
4	
5	
6	11b
7	11
8	
9	
10	11

1	
2	
3	
4	7d
5	7a
6	
7	7
8	7d
9	
10	

Bb m7b5

1	
2	
3	
4	11f
5	11
6	11b
7	
8	
9	11
10	

1	
2	5
3	
4	
5	5
6	5
7	
8	5f
9	
10	

Bb m(maj7)

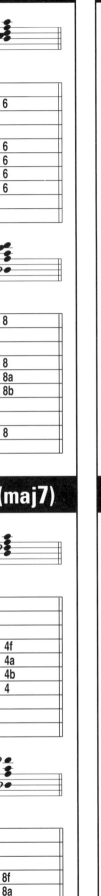

1	
2	
3	
4	4f
5	4a
6	4b
7	4
8	
9	
10	

1	
2	
3	
4	8f
5	8a
6	8b
7	
8	
9	8
10	

Bb m9

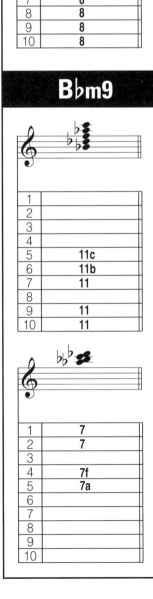

1	
2	
3	
4	
5	11c
6	11b
7	11
8	
9	11
10	11

1	7
2	7
3	
4	7f
5	7a
6	
7	
8	
9	
10	

Bb m(maj9)

1	
2	7
3	
4	7f
5	
6	
7	7
8	
9	7
10	

1	7
2	7
3	
4	7f
5	
6	
7	
8	
9	7
10	

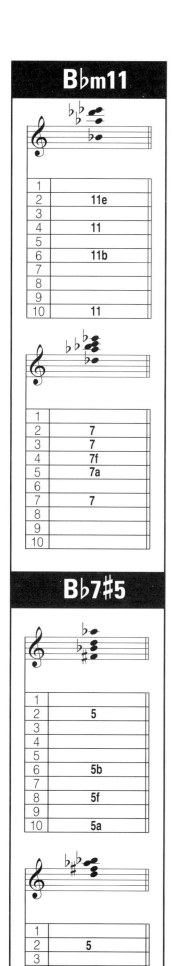
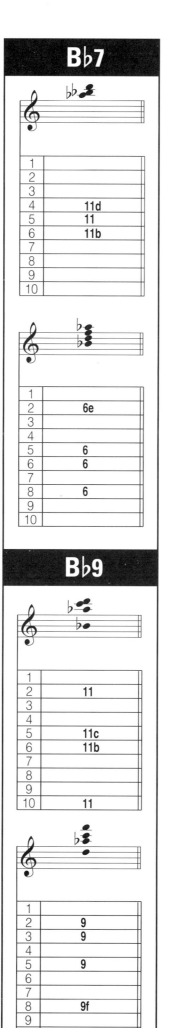

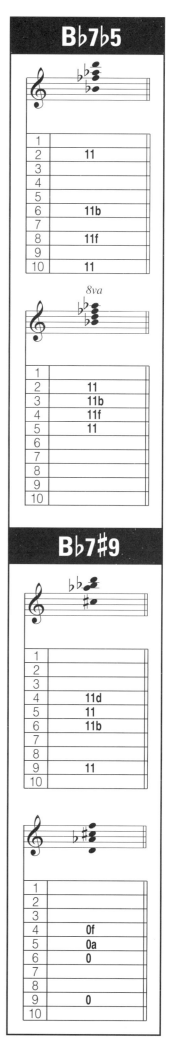

Bb m11

#	
1	
2	11e
3	
4	11
5	
6	11b
7	
8	
9	
10	11

#	
1	
2	7
3	7
4	7f
5	7a
6	
7	7
8	
9	
10	

Bb7

#	
1	
2	
3	
4	11d
5	11
6	11b
7	
8	
9	
10	

#	
1	
2	6e
3	
4	
5	6
6	6
7	
8	6
9	
10	

Bb7sus4

#	
1	
2	
3	11b
4	11
5	
6	11
7	11
8	
9	
10	

#	
1	
2	2
3	2
4	
5	2c
6	
7	2
8	
9	
10	

Bb7b5

#	
1	
2	11
3	
4	
5	
6	11b
7	
8	11f
9	
10	11

#	
1	
2	11
3	11b
4	11f
5	11
6	
7	
8	
9	
10	

Bb7#5

#	
1	
2	5
3	
4	
5	
6	5b
7	
8	5f
9	
10	5a

#	
1	
2	5
3	
4	5f
5	5a
6	5b
7	
8	
9	
10	

Bb9

#	
1	
2	11
3	
4	
5	11c
6	11b
7	
8	
9	
10	11

#	
1	
2	9
3	9
4	
5	9
6	
7	
8	9f
9	
10	

Bb9b5

#	
1	
2	11
3	
4	
5	11a
6	11b
7	
8	11f
9	
10	

#	
1	
2	11
3	
4	11f
5	11a
6	11b
7	
8	
9	
10	

Bb7#9

#	
1	
2	
3	
4	11d
5	11
6	11b
7	
8	
9	11
10	

#	
1	
2	
3	
4	0f
5	0a
6	0
7	
8	
9	0
10	

Bb7b9

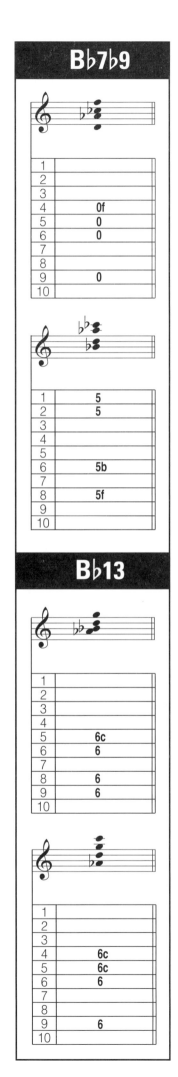

#	
1	
2	
3	
4	0f
5	0
6	0
7	
8	
9	0
10	

#	
1	5
2	5
3	
4	
5	
6	5b
7	
8	5f
9	
10	

Bb7#9#5

#	
1	0
2	
3	
4	
5	0a
6	0
7	
8	
9	0
10	

#	
1	
2	0e
3	
4	0c
5	0c
6	0
7	
8	
9	
10	

Bb7b9#5

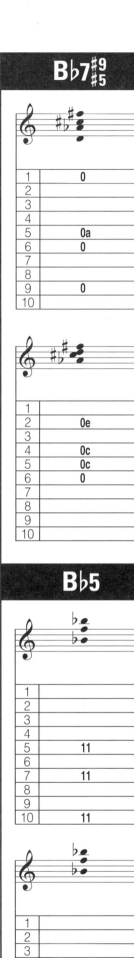

#	
1	5
2	5
3	
4	
5	5a
6	5b
7	
8	5f
9	
10	

#	
1	5
2	5
3	
4	
5	
6	5b
7	
8	5f
9	
10	5a

Bb11

#	
1	6
2	6e
3	6b
4	
5	
6	
7	
8	6
9	
10	

#	
1	6
2	6e
3	6b
4	6
5	
6	
7	
8	
9	
10	

Bb13

#	
1	
2	
3	
4	
5	6c
6	6
7	
8	6
9	6
10	

#	
1	
2	
3	
4	6c
5	6c
6	6
7	
8	
9	6
10	

Bb5

#	
1	
2	
3	
4	
5	11
6	
7	11
8	
9	
10	11

#	
1	
2	
3	
4	6
5	6
6	
7	
8	6
9	
10	

Bb(b5)

#	
1	
2	
3	
4	
5	
6	
7	
8	11f
9	
10	11

#	
1	
2	
3	
4	5f
5	5
6	
7	
8	5f
9	
10	

A#°7

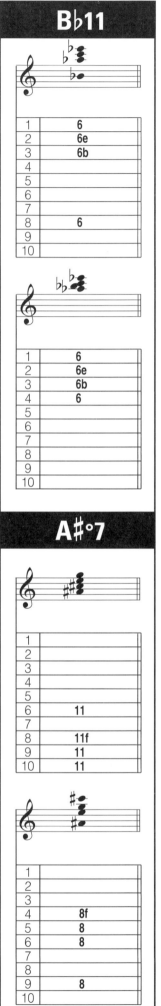

#	
1	
2	
3	
4	
5	
6	11
7	
8	11f
9	11
10	11

#	
1	
2	
3	
4	8f
5	8
6	8
7	
8	
9	8
10	

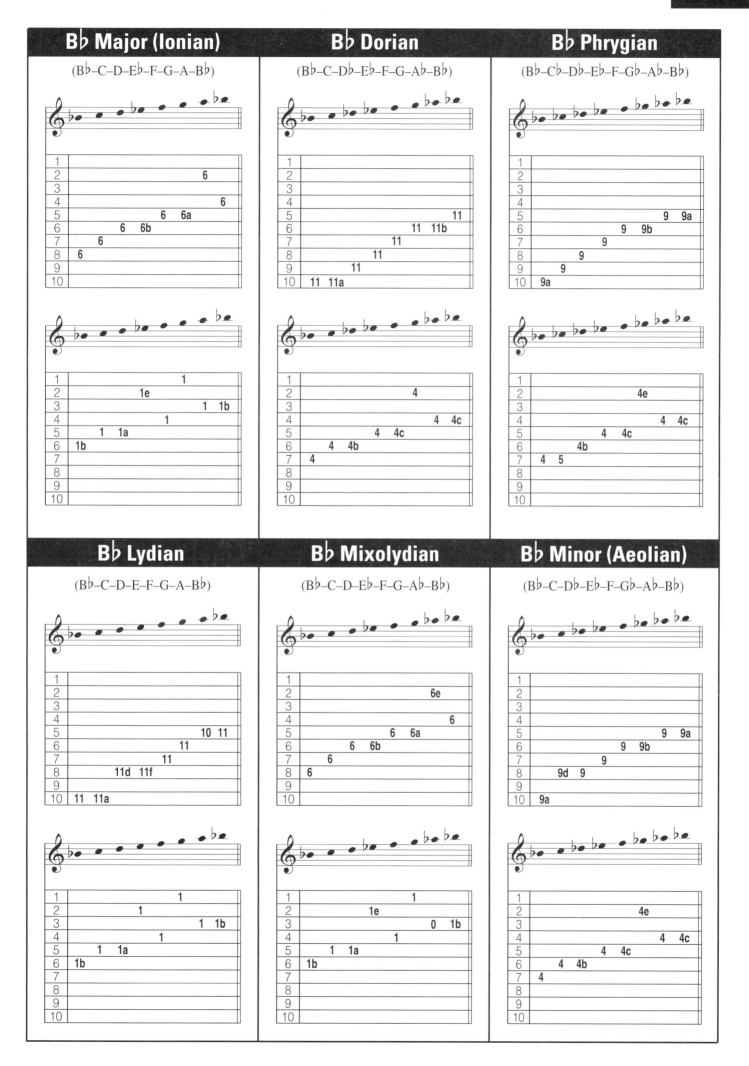

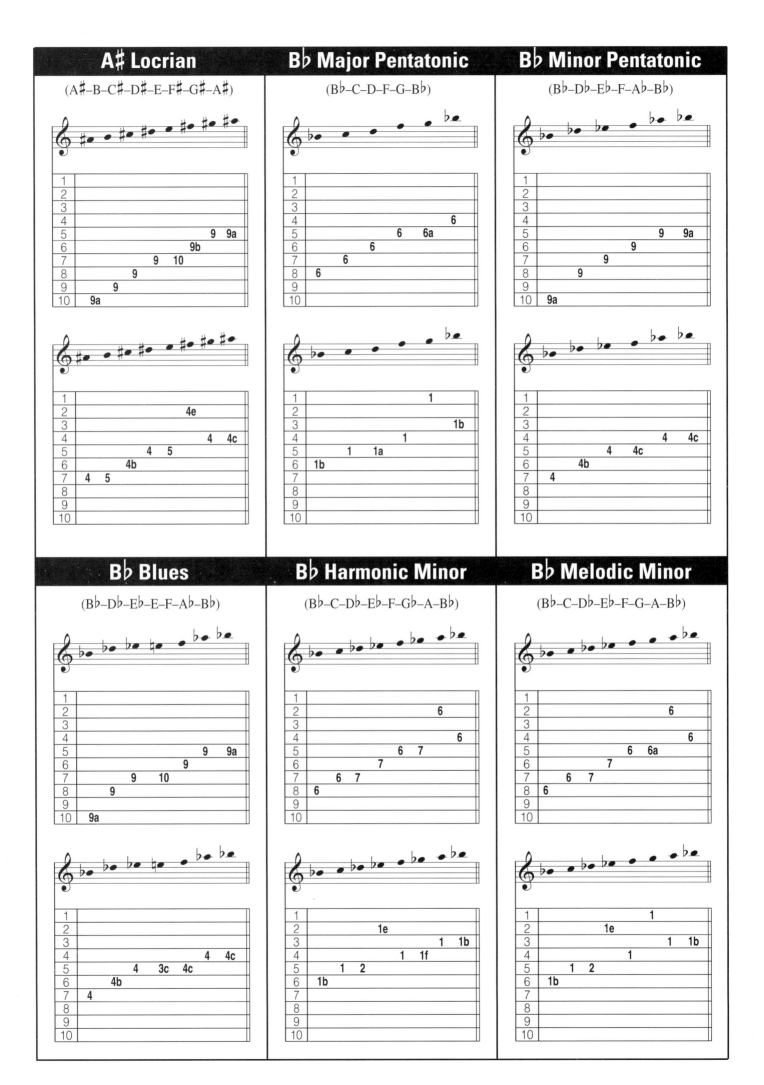

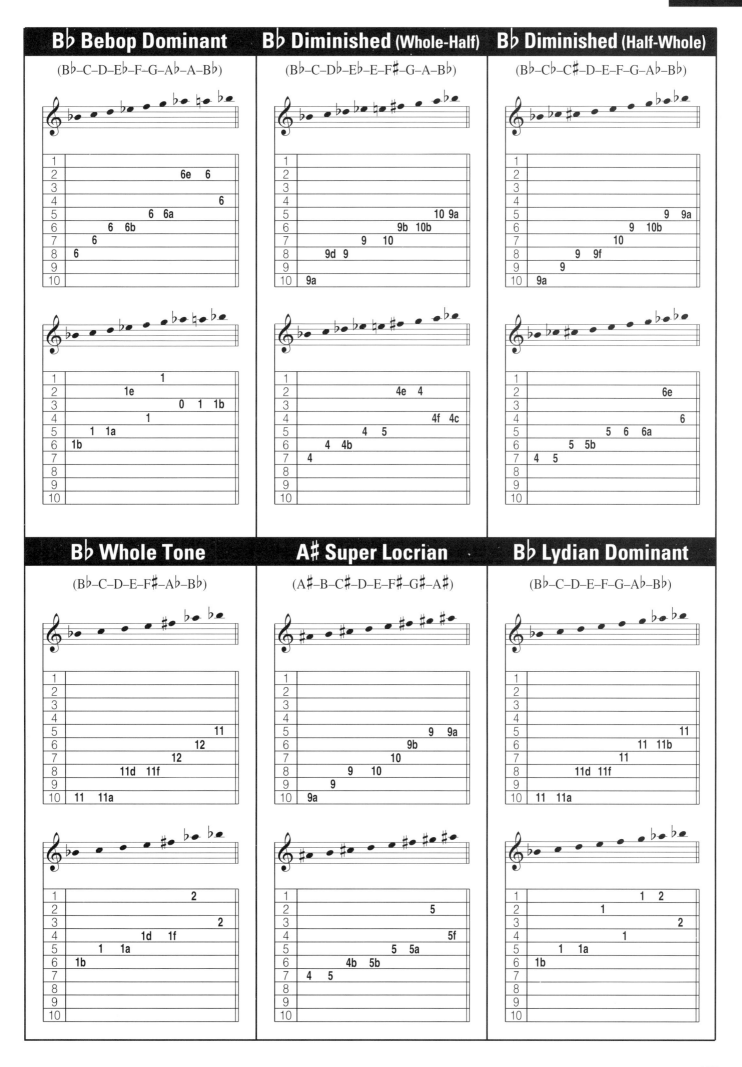

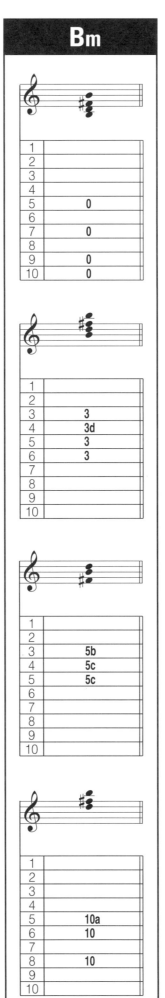
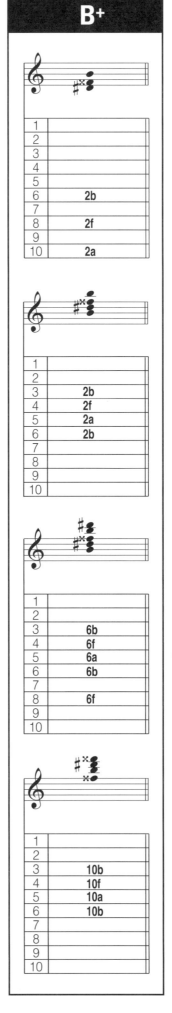
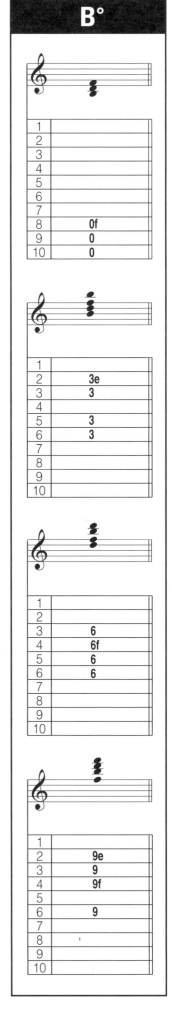

Bsus2

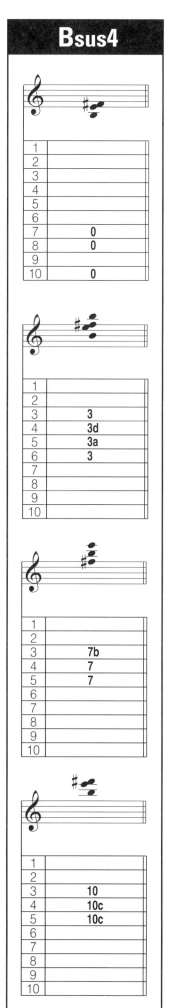

1	
2	
3	
4	
5	0c
6	
7	0
8	
9	
10	0

1	
2	
3	
4	
5	7
6	
7	7
8	7
9	
10	

1	7
2	
3	
4	7
5	7
6	
7	
8	
9	
10	

1	
2	
3	
4	9
5	
6	9b
7	
8	
9	9
10	

Bsus4

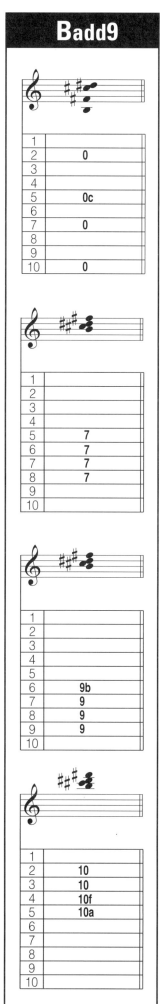

1	
2	
3	
4	
5	
6	
7	0
8	0
9	
10	0

1	
2	
3	3
4	3d
5	3a
6	3
7	
8	
9	
10	

1	
2	
3	7b
4	7
5	7
6	
7	
8	
9	
10	

1	
2	
3	10
4	10c
5	10c
6	
7	
8	
9	
10	

Badd9

1	
2	0
3	
4	
5	0c
6	
7	0
8	
9	
10	0

1	
2	
3	
4	
5	7
6	7
7	7
8	7
9	
10	

1	
2	
3	
4	
5	
6	9b
7	9
8	9
9	9
10	

1	
2	10
3	10
4	10f
5	10a
6	
7	
8	
9	
10	

B6

1	
2	
3	
4	
5	
6	0
7	0
8	0d
9	
10	0

1	
2	
3	
4	2
5	2a
6	2b
7	2
8	
9	
10	

1	
2	
3	
4	
5	9
6	9b
7	9
8	
9	9
10	

1	9
2	9e
3	9b
4	
5	9
6	
7	
8	
9	
10	

B⁶₉   Bm(add9)   Bm6   Bm⁶₉

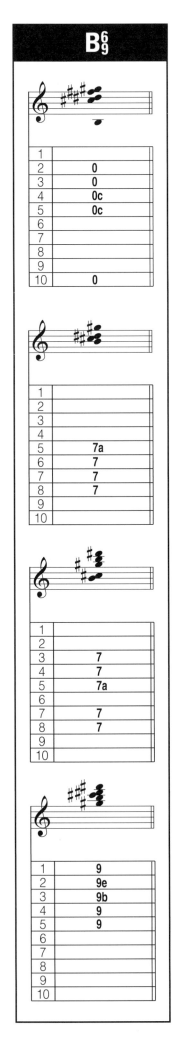

B⁶₉

#	Pos
1	
2	0
3	0
4	0c
5	0c
6	
7	
8	
9	
10	0

#	Pos
1	
2	
3	
4	
5	7a
6	7
7	7
8	7
9	
10	

#	Pos
1	
2	
3	7
4	7
5	7a
6	
7	7
8	7
9	
10	

#	Pos
1	9
2	9e
3	9b
4	9
5	9
6	
7	
8	
9	
10	

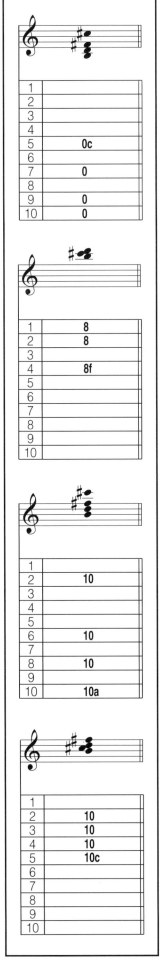

Bm(add9)

#	Pos
1	
2	
3	
4	
5	0c
6	
7	0
8	
9	0
10	0

#	Pos
1	8
2	8
3	
4	8f
5	
6	
7	
8	
9	
10	

#	Pos
1	
2	10
3	
4	
5	
6	10
7	
8	10
9	
10	10a

#	Pos
1	
2	10
3	10
4	10
5	10c
6	
7	
8	
9	
10	

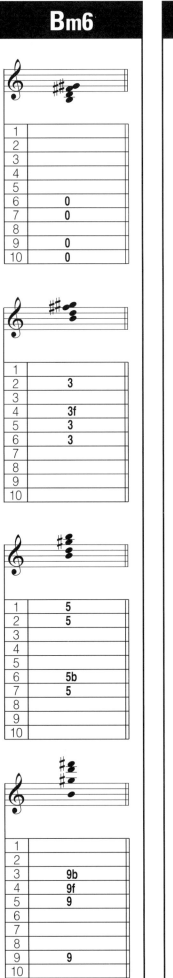

Bm6

#	Pos
1	
2	
3	
4	
5	
6	0
7	0
8	
9	0
10	0

#	Pos
1	
2	3
3	
4	3f
5	3
6	3
7	
8	
9	
10	

#	Pos
1	5
2	5
3	
4	
5	
6	5b
7	5
8	
9	
10	

#	Pos
1	
2	
3	9b
4	9f
5	9
6	
7	
8	
9	9
10	

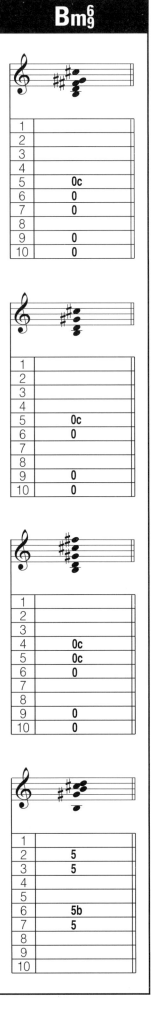

Bm⁶₉

#	Pos
1	
2	
3	
4	
5	0c
6	0
7	0
8	
9	0
10	0

#	Pos
1	
2	
3	
4	
5	0c
6	0
7	
8	
9	0
10	0

#	Pos
1	
2	
3	
4	0c
5	0c
6	0
7	
8	
9	0
10	0

#	Pos
1	
2	5
3	5
4	
5	
6	5b
7	5
8	
9	
10	

Bmaj7

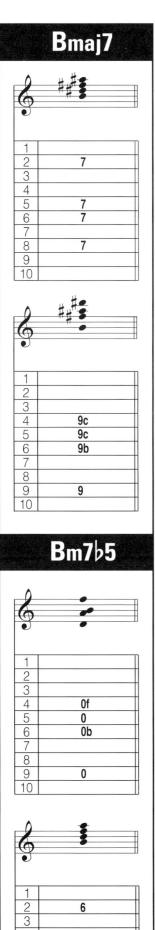

String	Fret
1	
2	7
3	
4	
5	7
6	7
7	
8	7
9	
10	

String	Fret
1	
2	
3	
4	9c
5	9c
6	9b
7	
8	
9	9
10	

Bmaj9

String	Fret
1	
2	7
3	
4	
5	7
6	7
7	7
8	7
9	
10	

String	Fret
1	9
2	
3	
4	9
5	9a
6	9b
7	
8	
9	9
10	

Bmaj13

String	Fret
1	
2	7
3	
4	
5	7c
6	7
7	7
8	7
9	
10	

String	Fret
1	
2	
3	
4	
5	9c
6	9b
7	9
8	9
9	9
10	9

Bm7

String	Fret
1	
2	0e
3	
4	
5	
6	0b
7	0
8	
9	
10	0

String	Fret
1	
2	
3	
4	8d
5	8a
6	
7	8
8	8d
9	
10	

Bm7♭5

String	Fret
1	
2	
3	
4	0f
5	0
6	0b
7	
8	
9	0
10	

String	Fret
1	
2	6
3	
4	
5	6
6	6
7	
8	6f
9	
10	

Bm(maj7)

String	Fret
1	
2	
3	
4	5f
5	5a
6	5b
7	5
8	
9	
10	

String	Fret
1	
2	
3	
4	9f
5	9a
6	9b
7	
8	
9	9
10	

Bm9

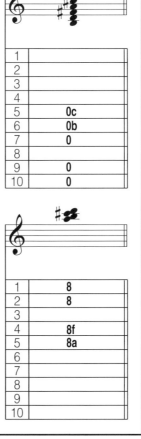

String	Fret
1	
2	
3	
4	
5	0c
6	0b
7	0
8	
9	0
10	0

String	Fret
1	8
2	8
3	
4	8f
5	8a
6	
7	
8	
9	
10	

Bm(maj9)

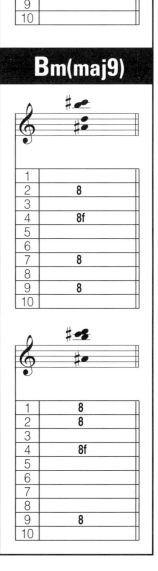

String	Fret
1	
2	8
3	
4	8f
5	
6	
7	8
8	
9	8
10	

String	Fret
1	8
2	8
3	
4	8f
5	
6	
7	
8	
9	8
10	

Bm11

1	
2	0e
3	
4	0
5	
6	0b
7	
8	
9	
10	0

1	
2	8
3	8
4	8f
5	8a
6	
7	8
8	
9	
10	

B7

1	
2	
3	
4	0d
5	0
6	0b
7	
8	
9	
10	

1	
2	7e
3	
4	
5	7
6	7
7	
8	7
9	
10	

B7sus4

8va

1	
2	
3	0b
4	0
5	0
6	
7	0
8	
9	
10	

1	
2	3
3	3
4	
5	3c
6	
7	3
8	
9	
10	

B7♭5

1	
2	0
3	
4	
5	
6	0b
7	
8	0f
9	
10	0

1	
2	0
3	0b
4	0f
5	0
6	
7	
8	
9	
10	

B7#5

1	
2	6
3	
4	
5	
6	6b
7	
8	6f
9	
10	6a

1	
2	6
3	
4	6f
5	6a
6	6b
7	
8	
9	
10	

B9

1	
2	0
3	
4	
5	0c
6	0b
7	
8	
9	
10	0

1	
2	10
3	10
4	
5	10
6	
7	
8	10f
9	
10	

B9♭5

1	
2	0
3	
4	
5	0a
6	0b
7	
8	0f
9	
10	

1	
2	0
3	
4	0f
5	0a
6	0b
7	
8	
9	
10	

B7#9

1	
2	
3	
4	0d
5	0
6	0b
7	
8	
9	0
10	

1	
2	
3	
4	1f
5	1a
6	1
7	
8	
9	1
10	

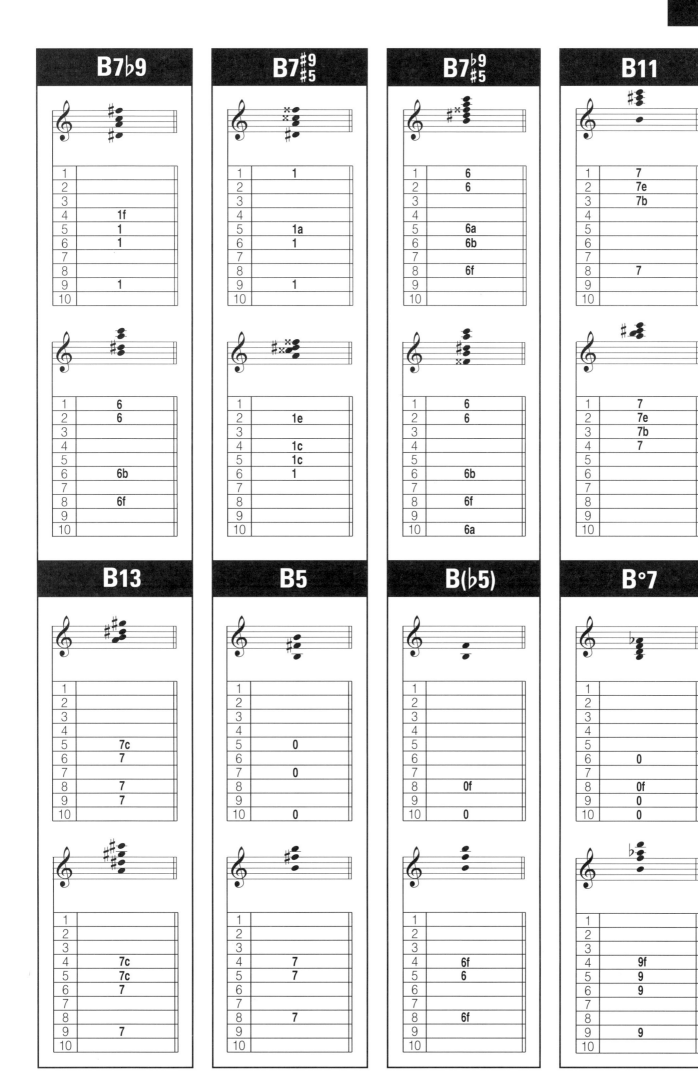

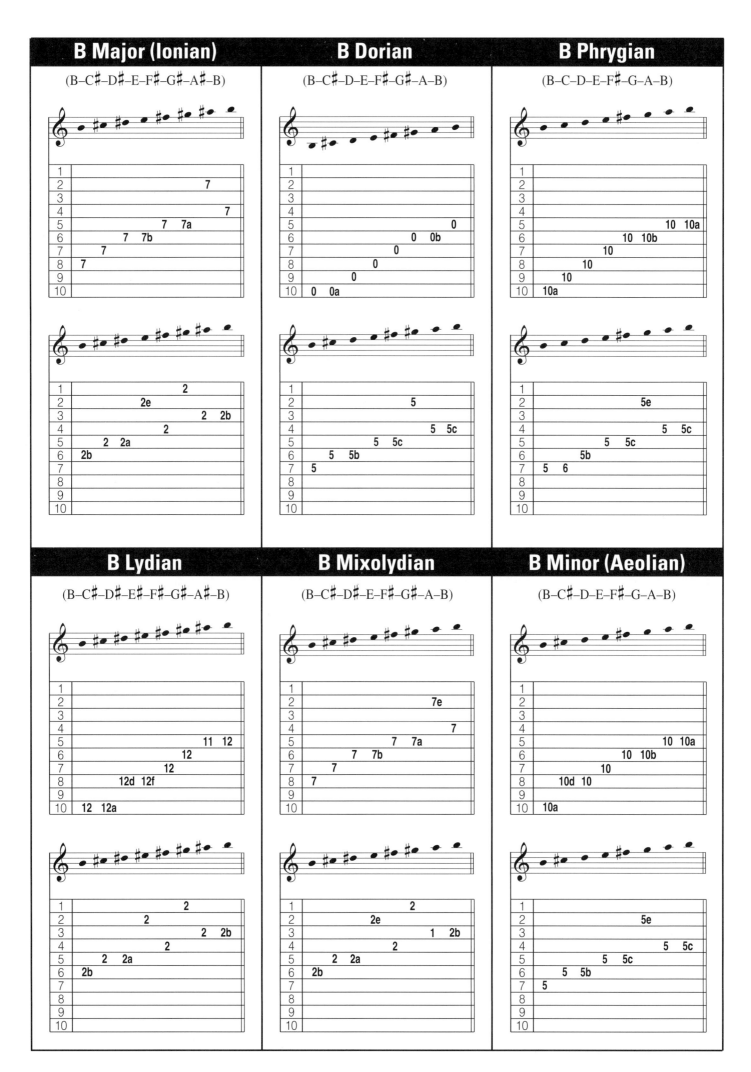

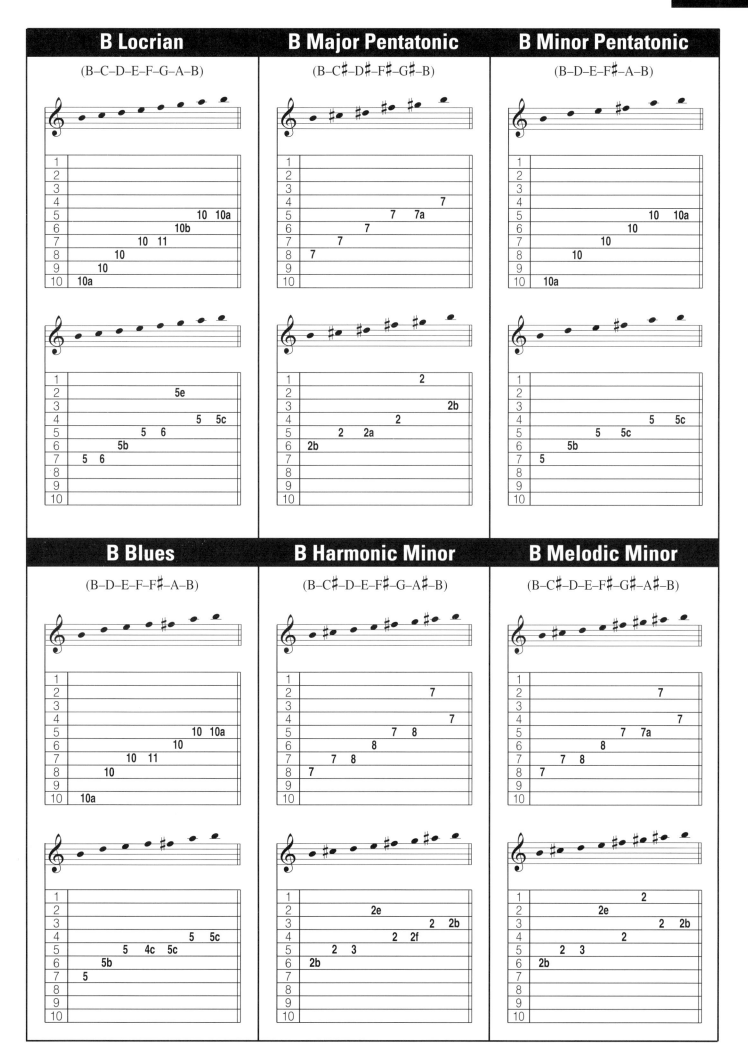

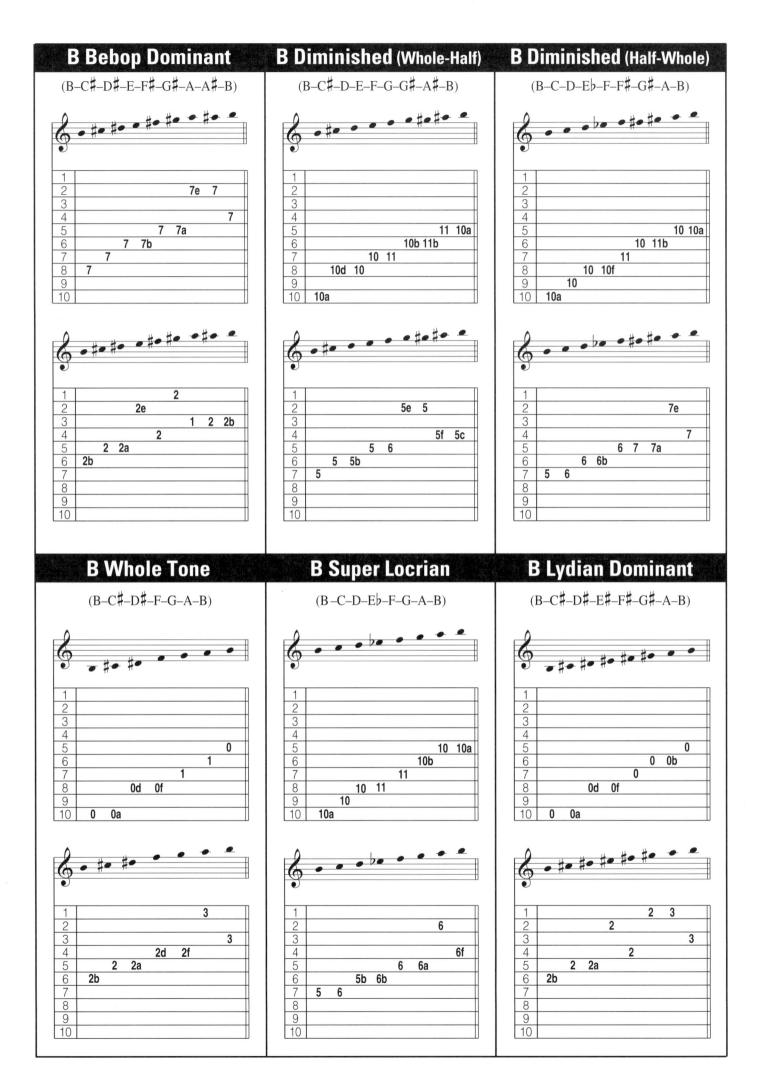